「分かち合い」の経済学

神野直彦
Naohiko Jinno

岩波新書
1239

はじめに

スウェーデン語に「オムソーリ(omsorg)」という素敵な言葉がある。この言葉を教えてくれたのは、ストックホルム大学の訓覇《くるべ》法子《のりこ》研究員である。「オムソーリ」とは「社会サービス」を意味するけれども、その原義は「悲しみの分かち合い」である。「オムソーリ」は「悲しみを分かち合い」、「優しさを与え合い」ながら生きている、スウェーデン社会の秘密を説き明かす言葉だといってもいいすぎではない。

この「オムソーリ」という言葉を導き星に、日本社会のヴィジョンを描くことが本書の目的である。そのため本書には、『「分かち合い」の経済学』という面映い書名を付している。

スウェーデン社会を訪れると、栄西が中国の杭州に降り立った時のように、母なる国を徜徉《しょうよう》している境地に浸る。スウェーデンを旅すると、豊かな自然に抱かれ、心優しき人間の絆の温もりに包まれ、心安らかに生きることのできた幼き頃の日本社会に出会うことができるからである。スウェーデン人もヨーロッパの日本人といわれることを誇りとしている。

ところが、訓覇研究員は、昨今の「子ども手当」をめぐる日本での議論を目の当たりにして、驚天動地の衝撃を覚えたという。子どものいない家庭は「私たちには子どもがいないのに、どうして子どものいる家庭のために養育費の負担をしなければならないのか」と憤っている。あるいは「私たちには子どもが恵まれていないのに、どうして子どもに恵まれた家庭のために負担をしなければならないのか」と唱えている。

こうした子どものいない家庭の主張に、子どものいる家庭が反論している。「あなた方が年老いた時のことを考えなさい。あなた方の年老いた時の生活を支える年金は、私たちの子どもが負担するのですよ」と。

甲論乙駁される「子ども手当」をめぐる議論に、訓覇研究員は驚き、私に「日本人には連帯という意識はないのでしょうか」と尋ねた。私は悲しみを込めて答えざるをえなかった。「日本人は、そのようなものはもう喪失してしまいました」と。

数年前にふと目にした雑誌『ニューズウィーク』がコラムで、日本人が電車の車中で居眠りをする長さと深さが世界一だと紹介していた。その上で、このコラムは、日本国民が助け合って生活しているという光景を、もう目にすることはないけれども、そう思わせる光景があるとすれば、通勤電車の車中の居眠りをしながら首と首とをもたれ合わせている光景だと指摘していた。

しかし、「分かち合い」を導き星に、日本社会のヴィジョンを描こうとする意図は、失われた時を求めた古き良き時代への回帰というノスタルジアではない。誰もが認識しているように、私たちが歴史の画期に生を受けているからである。歴史の画期とは常に危機の時代である。歴史を振り返ると、恐慌や戦争という危機が、時代の画期を彩っている。

危機という歴史の画期に生を受けた者は、危機の時代における歴史的責任を果たさなければならない。もちろん、私たちの歴史的責任を裁くのは、未来の歴史である。

危機の時代の歴史的責任を果たそうとすれば、危機から出口へと向かうヴィジョンを描くことである。危機の迷宮から脱出するために、アリアドネ(Ariadne)の女神が授けた糸玉は「分かち合い」だということができる。

未来へのチャートを描き、歴史的責任を果すために、アリアドネの女神から糸玉を求めようとすれば、過去の歴史の教訓に学ぶしかない。つまり、過去の歴史に同様の危機を見出し、その教訓に学ぶことである。

現在の危機と同様の危機を歴史の高みから見出すと、一九二九年の世界恐慌である。この世界恐慌からの回復過程をみれば、生き残りをかけた競争が煽られ、結局は世界大戦という破局を招いている。もっとも、世界恐慌という「絶望の海」に浮かぶ「希望の島」と讃えられたスウェーデンは、破局の圏外にあった。その秘密は「国民の家」という「分かち合い」のヴィジョンにある。

現在でも、メディアは「生き残りをかけた競争」を煽る。一九二九年の世界恐慌を新聞紙上で読み返すと、メディアの論調は今も昔も変わらない。もちろん、その帰結は目に見えている。競争は絶望を、「分かち合い」は希望をもたらすといってもいいすぎではない。しかし、希望は未来を作り出す行動を阻害する最大の要因となる。希望が生じると、ただ手をこまねいていても、幸福が訪れると考えてしまうからである。

希望には受動的希望と能動的希望がある。手をこまねいても、危機から脱出できるという希望が受動的な希望である。能動的な希望は絶望から生まれる。シジフォスの神話のような、失敗しても失敗しても挑む敗者の頑張りが抱く希望である。

「分かち合い」は能動的な希望である。孤立した人間が行動しなければ、可能とはならないからである。しかも、「分かち合い」は指導者によって創り出されるものではない。社会のすべての構成員の行動を必要とするからである。

本書は単なる希望の書ではない。むしろ失望の書である。幸福は「分かち合う」ものである。

「分かち合う」べき幸福を「奪い合う」ものだとされている日本社会への失望である。

現在の危機は「分かち合い」を「奪い合い」とされていることから生じている。「奪い合い」を「分かち合い」に。そうした行動を求める能動的希望の書が、本書である。

危機を乗り越え、人間の歴史的責任を果す鍵は「分かち合い」にある。それが本書の伝えたいメッセージである。

「分かち合い」の経済学

目次

はじめに

目　次

第1章　なぜ、いま「分かち合い」なのか

格差、貧困の広がる日本

政治を束ねる責任者が「格差のどこが悪い」、「格差のない社会などない」と鬣《たてがみ》をふるわせながら絶叫する社会は、「絶望の社会」である。そうした「絶望の社会」を世界恐慌という悲劇の荒波が襲えば、地獄絵をみるような極苦の世界を目の当《ま》たりにすることは、火を見るよりも明らかである。

確かに、歴史的にみても地理的に眺めても、格差や貧困もない社会などない。人間の歴史を振り返ると、人間の歴史とは格差と貧困を解消するための闘いの過程だったといっても大袈裟ではない。しかし、格差や貧困との闘いに挑んだ多くの人々が、格差や貧困を撲滅することは不可能なのではないかと失望し、苦い挫折感を経験してきた。

ところが、「格差のどこが悪い」、「格差のない社会などない」と豪語する権力者の言葉は、格差と貧困の解消に努力した末の失望の言葉ではない。格差や貧困の存在を積極的に肯定する為政者の言葉なのである。

古《いにしえ》より社会を統合していく為政者の責任は、格差と貧困の解消にあると考えられてきた。

孔子は『論語』で為政者への心構えを、「不患寡而患不均」、つまり「寡《すくな》きを患《うれ》えずして均《ひと》しからざるを患う」と諭《さと》している。政治に携わる者は、富が少ないことを嘆くのではなく、格差のあることに心を痛めなくてはならないという教えである。なぜなら格差のない社会は豊かな社会なのだと、孔子は唱えたのである。

政治の使命は社会の統合にある。その責任者が「格差のどこが悪い」、「格差のない社会などない」と得意顔に唱えることは、政治責任の放棄にほかならない。

しかも「格差のどこが悪い」という論理は、格差や貧困の解消に挑むどころか、格差や貧困の存在意義を認めている。つまり、格差や貧困を宿命と考えるよりも、むしろ積極的に、その存在を肯定しているのである。

こうした格差や貧困の存在を肯定する論理の背後理念には、個人の怠惰が貧困をもたらしているという思想がある。貧困の原因が本人の怠惰にあるとすると、本人が勤勉になりさえすれば、貧困を解消することができる。そうだとすれば、貧困が悲惨であればあるほど、貧困から抜け出るために、人間は勤勉に働こうとするはずである。つまり格差や貧困は、勤勉をもたらすインセンティブになると、積極的に意義づけられてしまう。

新自由主義が格差や貧困を積極的に肯定するのは、こうした思想にもとづいているからである。新しいミレニアムに足を踏み入れる頃から労働市場への規制を緩和し、社会保障給付というセーフティネットを切り刻んだのも、こうした新自由主義の政策主張によって推進されたのである。

一九九九年の労働者派遣法の改正によって、労働者派遣が原則自由化された。しかも、二〇〇四年の改正では、製造業への派遣が解禁されていく。労働基準法も一九九七年の改正で女性保護規定が原則廃止され、一九九八年の改正で、有期雇用契約の上限規制が緩和される(原則一年だったのを、例外的に三年を認める場合を新設)。さらに、「企画、立案、調査及び分析を行う労働者」(厚生労働省)を対象に企画業務型裁量労働制が導入され、ホワイトカラーに時間外手当なしに長期間労働を強制する扉が開かれる。しかも、二〇〇三年の改正で一層の規制緩和が進められていったのである。

景気が上昇していくと、労働条件は改善され、労働賃金も引き上がっていく。そうした労働条件の向上や労働賃金の上昇が、やがて利潤を圧迫して、景気が破綻していくというのが一般的な景気循環である。

新しいミレニアムになると、世界的に景気が好転する。日本も二〇〇二年から歴史上経験したことのない長期にわたる「いざなぎを越える景気」を経験する。にもかかわらず、この景気上昇過程で労働賃金は低下し続け、「生活が苦しい」と答える国民は増加の一途をたどったのである。

このように景気上昇局面において労働賃金が低下したのは、前述したような労働市場への規制緩和が影響していることは間違いない。一九九〇年代から増加していた非正規従業員は、景気が上昇しているにもかかわらず抑制されることがなかった。規制緩和のおかげで、景気上昇にともなう要員増を、派遣従業員などの解雇容易な従業員を採用することによって、企業は対応できたからである。

しかも、日本では社会保障給付によるセーフティネットが、正規従業員として企業共同体に帰属していることを前提にして張ってある。つまり、非正規従業員は社会保障給付から事実上、排除されている。雇用保険はもとより、厚生年金にしろ健康保険にしろ、一定の労働時間や労働日数に満たないパート労働者には加入する資格がないのである。

意図された雇用破壊

犯罪には過失犯と故意犯とがある。罪を犯す意志があるかないかで、過失犯と故意犯は区別される。

景気は必ず循環する。好景気の後には不況を覚悟しなければならない。こうした真理は誰でも認識している。仮に労働市場の規制を緩和し、景気上昇局面で労働賃金を抑制しえたとしても、必ず好景気は終わりを告げることになる。

製造業で派遣従業員を創り出し、非正規従業員を大量に形成してしまえば、必ず訪れる好景気の終わりとともに、こうした非正規従業員の大量解雇という地獄絵を見ることは自明の理である。もちろん、こうした政策を推進した新自由主義の傭兵たちも、好景気が終った時の悲劇を充分に認識している。

実際に好景気が終る挽歌とともに、二〇〇八年秋から、「リーマン・ショック」と呼び馴らされたアメリカ発の「世界恐慌」が襲ってきた。そうすると「派遣切り」と呼ばれるように、まず派遣従業員などの非正規従業員から、大量に解雇されていく。

しかも、こうした非正規従業員は、社会保障給付というセーフティネットには包まれていない。非正規従業員を雇用すると、企業が社会保障負担を節約できることは、低賃金と解雇容易性とともに、非正規従業員を雇用する三大メリットなのである。

ある日突然、生活の保障もなく、紙屑のように捨てられる人々が、巷に溢れ出る。再雇用される見込みもなく、人間として生きる権利すら収奪される人々が大量に生み出されていくのである。

宇沢弘文東京大学名誉教授の言葉を借りれば、市場原理主義の毒を飲み、悪魔に魂を売り渡した新自由主義の唱道者たちは、こうした悲劇の生じることを百も承知していた。多くの人が生活破綻に陥るような悲惨な事態が起こることを承知で、新自由主義的政策を推進したとすれば、それは未必の故意である。

もっとも、未必の故意とはあくまでも、罪悪となる事実を積極的に意図していないことが条件となる。そうだとすれば、この世界恐慌にともなう悲劇は、未必の故意というよりも、歴史的故意犯そのものだということができるのではないか。

破壊される人的環境

危機を乗り越えるには改革が必要である。しかし、危機を乗り越え、より人間的な社会を築くために改革しようと行動すれば、必ず歴史的反動と闘わなければならない。

改革とは現状を否定することである。この現状の否定には、二つの方向がある。一つは暗い過去に引き戻すように現状を否定する方向である。もう一つは未だない、より人間的な未来を目指す方向である。

もちろん、新自由主義の改革とは、暗き過去へと歴史の時計の針を逆戻りさせることにほかならない。つまり、その目的は一九世紀の中頃の「小さな政府」を目指して、「失業と飢餓の恐怖」を復活させることにある。

新自由主義にとって改革とは、「失業と飢餓の恐怖」を復活させ、それを鞭《むち》にして「経済的活力」を高めることにほかならない。新自由主義政策を推し進めた小泉政権は、「改革なくして成長なし」をキャッチフレーズとしていたが、その真意は「失業と飢餓の恐怖なくして成長なし」というものである。「改革なくして成長なし」とは、「貧困なくして成長なし」といいかえてもよいのである。

より人間的な未来を目指して前進しようとすると、新自由主義の傭兵たちは「改革を止めるのか」とたちまち牙を剝く。それは「失業と飢餓の恐怖」を創り出さなければ、より豊かな富を手にすることができないと信仰しているからである。

国民の恐怖は経済的危機にとどまっているわけではない。むしろ国民は経済的危機が社会的危機に飛火している恐怖に、悄然として立ち尽くしていると表現したほうが正確である。

連日のように異常凶悪犯罪が生じている。いかなる社会でも狂気としか思えない社会的病理は生じる。しかし、そうした社会的病理が大量に発生するのであれば、社会が病んでいると考えざるをえない。

世論調査などをみても大部分の国民が、少年非行、自殺、麻薬などといった社会的病理に脅え、凶悪犯罪などによる社会的秩序の乱れに恐怖している。しかも、その原因を国民の誰もが感じとっている。それは、家族やコミュニティといった集団を支えてきた「人間の絆」が崩壊しているからである。

最終章で回帰することになるけれども、宇沢教授のアドバイスを受けて、一九九一年にローマ教皇ヨハネ・パウロ二世(John Paul II)が教示した回勅でも、二つの環境破壊を指摘している。一つは自然環境の破壊であり、もう一つは人的環境の破壊である。つまり、「自然環境の非理性的な破壊に加えて、より深刻な人的環境の破壊を指摘しなければなりません」と、ヨハネ・パウロ二世は訴えていた。しかも、人は自然環境の破壊には、まだまだ不充分とはいえ、関心を寄せているけれども、自らの人的環境の破壊には関心がないと憂えている。

このようにヨハネ・パウロ二世は、人的環境を保護する「ヒューマン・エコロジー(human ecology)」への努力の大切さを説いている。しかも、「自然環境や人的環境といった、市場の力だけでは保護されない公共財を保護し、保全すること」は政府の使命だと教え諭したのである。

日本で政府のこうした使命は放棄されている。自然環境も人的環境も、市場が欲しいままに

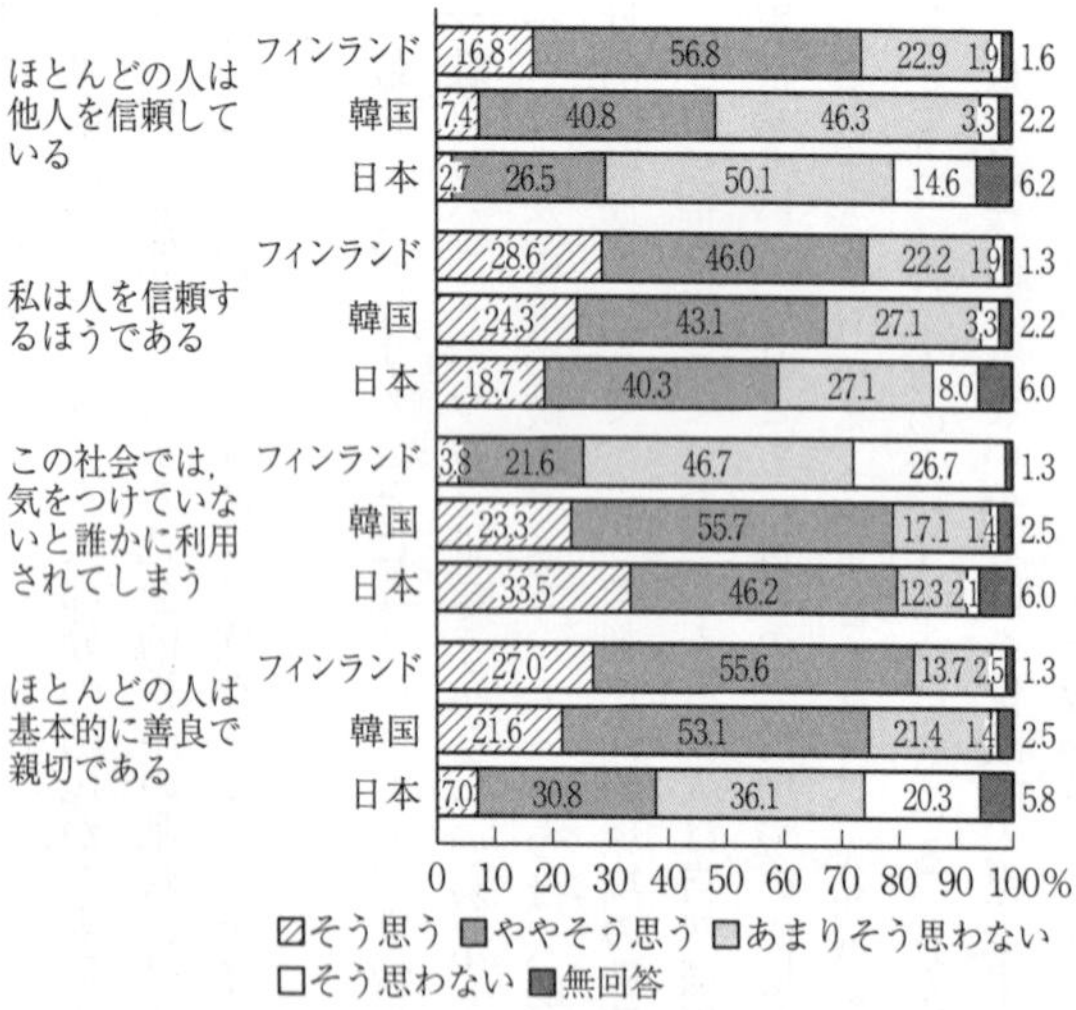

出所：木村忠正「「間メディア性」本格化の年」『NIRA 政策研究』第 18 巻，第 12 号，2005 年 12 月，31 ページ

図 1-1　対人信頼感の比較（日本・韓国・フィンランド学生比較調査）

貪り喰ってしまうことを、政府が放置してきたのである。

木村忠正東京大学准教授の学生を対象とした対人信頼感の国際比較調査（図１－１）によると、人間は他人を信頼しているかという問いに、「そう思う」と「ややそう思う」という肯定的に回答した学生は、フィンランドでは七割を超えているのに、日本では三割を割っている。さらに「この社会では、気をつけていないと誰かに利用されてしまう」という項目に肯定的に回答した学生は、日本では八割にものぼるのに、フィンランドでは二割を超えるにすぎない。「ほとんどの人は基本的に善良で親切である」という項目に対しては、フィンランドでは八割を超える学生が肯定的に回答しているのに対して、日本ではその半分の四割にも満たない。こうした数値が象徴しているように、日本では人間の絆という人的環境は破壊されてしまっている。

人間の絆としての「社会資本」

二一世紀に入るや否や新自由主義にもとづく「構造改革」を標榜した小泉政権が、この年金改革をすれば「一〇〇年安心年金」が実現すると豪語した。しかし、これほど悪意に満ちた欺瞞はない。

今から一〇〇年前を考えてみればよい。日本でいえば日露戦争の頃である。その頃に、この制度が国民の生活を一〇〇年保障するといってみても、それが欺瞞であることは明白である。一〇〇年もすれば、国民の生活を支える条件そのものが大きく変化してしまう。そうした状況の変化に対応して、制度は常に改革していかざるをえない。国民の安心を保障するのは、制度ではなく、制度を支える人間の絆である。年老いても必ず社会の他者が生活を支えてくれるという人間の絆への信頼こそが、安心を保障するのである。

こうした人間の絆をスウェーデンでは、社会経済モデルの鍵を握る概念として位置づけて、「社会資本(social capital)」と呼んでいる。社会資本はハーバード大学教授のパットナム(R. D. Putnam)が明らかにした概念である。すなわちパットナムは、南イタリアの経済が停滞しているのに対し、北イタリアの経済が発展を遂げているのは、北イタリアには人間の信頼の絆としての社会資本が強固に存在しているからだと分析したのである。

このパットナムの実証を裏付けるように、人間の絆の強いフィンランドは、ダボス会議を主催する世界経済フォーラムの国際競争力ランキングをみても、低落している日本を尻目に、常に日本を上回る高位を維持している。しかも、パットナムは企業のリストラクチュアリングと臨時雇用などの不安定就業の増加が、社会資本を著しく衰退させていくことを指摘している。

このように人間の絆の衰退が、社会的危機をもたらすばかりでなく、経済的危機をもたらす。しかも、経済的危機が人間の絆を衰退させ、人間の絆の衰退が社会的危機と政治的危機を激化させるという「絶望の悪循環」が日本では形成されている。

「オムソーリ」と「ラーゴム」

「絶望の悪循環」を「希望の好循環」に反転させる導き星は、二つのスウェーデン語によって語ることができる。それは「オムソーリ(omsorg)」と「ラーゴム(lagom)」という二つの妙《たえ》なる言葉である。

オムソーリとは英訳すると、「ソーシャル・サービス(social service)」となる。日本語でいう「社会福祉」よりも広い概念で、福祉サービス、教育サービスに医療サービスが加わる。賃金を除く生活条件を保障する政策一般を指す「社会サービス」を表しているということができる。

この広く社会サービスを指すオムソーリという言葉の原義、つまり本来もっていた意味は、「悲しみの分かち合い」という意味である。オムソーリを紹介してくれたストックホルム大学の訓覇研究員に、教育も「悲しみの分かち合い」と考えるのかと問うと、即座に「当然のこと」という答えが返ってきた。

福祉の「福」は「しあわせ」の意味であり、「祉」も「神からさずかる幸福」という意味である。つまり、福祉とは幸福という意味だということができる。

当然のことながら、悲しみを分かち合えば、悲しみに暮れている人は悲しみを癒され、幸福になる。しかも、悲しみを分かち合った人も幸福になる。というのも、人間は他者にとって、自己の存在が必要不可欠な存在だと実感できた時に、生きがいを感じ、幸福を実感するからである。

オムソーリを支える思想は、「悲しみの分かち合い」が幸福の実現になるという思想である。それは共同体のように、社会を組織化するという思想がスウェーデンでは共有されているからである。つまり、共同体の中では共同体の構成員に任務が配分されるように、社会の構成員にも任務が配分されなければならない。

共同体にあっては、すべての共同体の構成員が、共同体に参加して任務を果したいと願っている。高齢者であろうと、障害者であろうと、誰もが掛け替えのない能力をもっている。しかも、そうした能力を共同体のために発揮したいという欲求をもっている。そうした欲求が充足された時に、人間は自分自身の存在価値を認識し、幸福を実感できるからである。これが「分かち合い」の思想である。

スウェーデン人は抑圧に対しては決して屈することなく、徹底的に抵抗する。しかも、巧みに組織化して、頑強に抵抗運動を繰り広げる。

しかし、抑圧を前にしてスウェーデン人の取る行動で、心を動かされることは、頑強な抵抗もさることながら、抑圧されている人への行動である。スウェーデン人は抑圧されている人を眼にすれば、諸手を広げて優しく抱きしめる。それがオムソーリの思想、つまり「分かち合い」の思想である。

もう一つの導きの言葉であるラーゴムは、「ほどほど」というような意味である。極端に貧しいことも、極端に豊かなことも嫌悪するスウェーデン人が追求する重要な価値である。つまり、超過も不足も悪徳(カキア)とする「中庸の徳」という倫理を表している。

スウェーデン人にとってテレビのない生活は考えられても、書物のない生活は考えられない。週末ともなれば、誰もが都会を離れ、田園へと戻っていく。田園の別荘といっても、そこでは原始的な生活ができなければならない。プールなどがあっては失格である。自然のまま湖沼で泳げるようであると高く評価される。書を読み、大地を耕して、自然に抱かれて時を過ごす。スウェーデンの人々は、自分たちを田舎者とし、都会の生活に疲れたときには、自然に抱かれて生活する。

ストックホルム市は、市の面積の二倍にあたる面積を所有している。市域のほぼ七割が市の公有地であり、市民の居住地として提供される。しかし、市域外にも広大な市有地が存在する。こうした市域郊外に所有する広大な土地は、市民の別荘地として賃貸されている。スウェーデン人は森の民であり、市民は自然に抱かれずに生活できないからである。

スウェーデン人は、文明を拒否すれば、文化が生まれると唱える。そのため文明を拒否した時を過ごし、見事なまでのワーク・ライフ・バランスを実現している。それがラーゴムを生み出す生活様式となっている。

「「分かち合い」の経済」の二つの側面

ガルブレイス(John Kenneth Galbraith)は『豊かな社会(*The Affluent Society*)』(一九五八)で、豊かな社会になると、私的部門は豊かになるが、公共部門は貧弱になっていくという「社会的アンバランス(social imbalance)」が生じて、それが新しい貧困を生み出すことを指摘している。まるで日本の現状を予言したかの如くである。

日本では「小さな政府」が主張され、あらゆる公共部門が営利を追求する民営企業へと引き渡されていく。いわば「公」を「私」化してしまう状況が続いている。しかし、ラーゴムを追求するスウェーデンでは、こうした社会的アンバランスは生じない。「公」と「私」はほどよくバランスがとれている。

現在の「市場の大失敗」による危機は、オムソーリつまり「分かち合い」の領域と競争の領域とのラーゴムつまり適切なバランスを喪失した帰結である。財政学の観点からすれば、市場社会は競争原理にもとづく「市場経済」と、協力原理にもとづく「「分かち合い」の経済」とから成り立っていると考えられる(図1-2)。

市場経済と政治との交錯現象である財政を考察の対象とする財政学では、市場社会は市場経済と財政という二つの経済を両輪として動いていると考える。というよりも、市場社会全体は「経済」、「政治」、それに家族やコミュニティなどの「社会」という三つのサブシステムから構成され、そうした三つのサブシステムが財政を結節点にして社会全体として結びつけられていると捉えている。

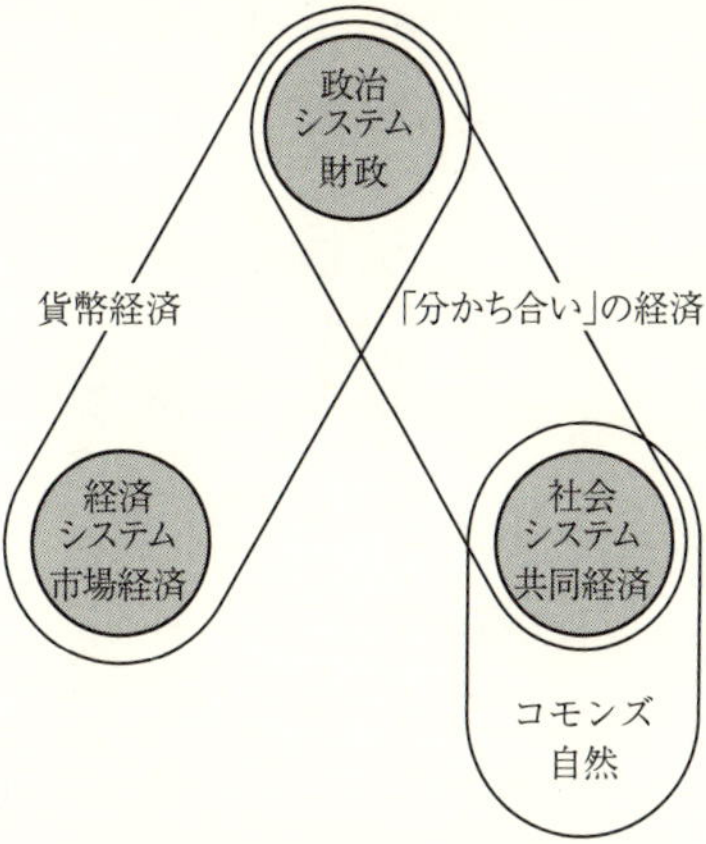

図 1-2　市場社会のサブシステムと「「分かち合い」の経済」との関係

「「分かち合い」の経済」は、貨幣を使用する「「分かち合い」の経済」と、貨幣を使用しない「「分かち合い」の経済」とに分類される。貨幣を使用する「「分かち合い」の経済」は、「政府の経済」つまり財政である。もっとも、財政でも公共サービスは無償で提供される。つまり貨幣を使用することがない。したがって、正確に表現すれば財政は貨幣を使用する経済と、貨幣を使用しない経済との混合経済である。

貨幣を使用しない「「分かち合い」の経済」

とは家族やコミュニティ、あるいは非営利市民組織の経済である。こうした貨幣を使用しない「「分かち合い」の経済」を「共同経済」と呼んでおくと、「共同経済」は無償労働によって支えられている。しかも、この無償労働は家族にしろ、コミュニティにしろ、非営利市民組織にしろ自発性にもとづいている。つまり、ボランティア(volunteers)による活動なのである。

貨幣を使用しない「「分かち合い」の経済」は、人間の生命の基盤である。家族という「「分かち合い」の経済」が存在しなければ、誕生間もない幼児は生存すらできない。誕生間もない幼児に「働かざる者食うべからず」という冷たい市場原理を適用すれば、幼児には死があるのみである。

「コモンズの悲劇」をどうみるか

この貨幣を使用しない「「分かち合い」の経済」は、共同体的人間関係にもとづく社会システムであり、宇沢教授の言葉で表現すれば、「コモンズ(commons)」である。コモンズは「共有地」、「共同の食卓」という意味だとされる。家族(family)とは本来、食卓を同じくする者という意味である。

ハーディン(Garrett Hardin)の著した『コモンズの悲劇(*The Tragedy of the Commons*)』(一九六八年)

は、私的所有権が設定されない共有地では勝手気ままに利己的利益が追求され、資源がみだりに利用されて枯渇すると唱えている。この「コモンズの悲劇」が「分かち合い」を否定し、私的所有権を設定して市場原理に委ねることを正当化する根拠とされている。

しかし、コモンズは両義性がある。一つは共有地つまり神が等しく与え給うた大地に代表される自然そのものを意味する。もちろん、この人間社会が共有しなければならない自然こそ、人間の生命の基盤である。先述したヨハネ・パウロ二世の言葉で表現すれば、自然環境ということができる。

もう一つは人間の生命を支える自然を基盤とした人間の共同社会、つまり貨幣を使用しない「「分かち合い」の経済」である。この「「分かち合い」の経済」も、人間の生命の基盤であり、ヨハネ・パウロ二世の言葉で表現すると人的環境である。

ハーディンの唱える「コモンズの悲劇」とは、コモンズが存在しない悲劇である。つまり、「分かち合い」という人間の共同社会そのものを形成できなかった悲劇だということができる。

財政民主主義の原則

もう一つの「「分かち合い」の経済」である財政は、貨幣を使用する。それは無償労働ではなく、有償労働で営まれているからである。

しかし、財政も社会システムの共同性を前提にして、社会の構成員の共同意思決定にもとづいて運営される。つまり、民主主義にもとづく政治システムの経済活動が財政なのである。

「「分かち合い」の経済」では財・サービスは必要に応じて分配される。「必要に応じて分配される」とは「ただ」で、つまり無償で提供されることを意味する。

したがって、貨幣を使用しない「「分かち合い」の経済」である共同経済であろうと、貨幣を使用する「「分かち合い」の経済」である財政であろうと、無償で必要に応じて財・サービスが分配されることになる。財政では無償で必要に応じて財・サービスを分配するために、それをすべて予算書に盛り込み、社会の構成員の共同意思決定で分配を決定する。つまり、財政民主主義にもとづいて決定する。

市場経済の拡大と無償労働の減少

市場経済において財・サービスは、購買力に応じて分配される。購買力の高い豊かな者には財・サービスは多く、購買力の低い貧しい者には、財・サービスは分配されないことすらある。

そのため「「分かち合い」の経済」が存在しなければ、人間は生存できない。敢えて繰り返せば、誕生間もない幼児も生存していくことができるのは、「「分かち合い」の経済」が存在するからである。

しかし、貨幣を使用しない「「分かち合い」の経済」は、それを支える「情緒的紐帯《ちゅうたい》」を必要とする。つまり、貨幣を使用しない「「分かち合い」の経済」である無償労働に従事する者が必要であり、そのためには共同体の構成員同士の信頼関係である情緒的紐帯が存在しなければならない。共同体を支えるために働きたい、他者の役に立ちたいという自発的な意思が求められるのである。

ところが、市場経済の領域が拡大していくと、無償労働の存在が縮小していく。というのも、市場社会においても、共同経済では財・サービスを無償労働で生産するけれども、原材料については市場から購入せざるをえないからである。食事であれば、食材という原材料を市場から購入して、無償労働で食卓を賑わす料理を作ることになる。

しかし、家庭内での無償労働を節約するために電気洗濯機や電気掃除機を市場から購入するようになれば、市場から購入する財・サービスが急激に増加する。そうなると、家庭内での無償労働時間や無償労働に従事する人員を減少させて、市場から所得を手に入れるために有償労働に振り向けざるをえなくなる。

有償労働を増加させようとすると、勢い食卓に並べる料理も、原材料を購入して無償労働で調理するのではなく、加工された料理を市場から購入することになる。さらに外食に転換させてしまえば、配膳や後かたづけの時間も節約できる。しかし、それはますます無償労働の減少と有償労働の増加という循環を拡大することになる。

しかし、競争原理にもとづく市場経済と、協力原理にもとづく「「分かち合い」の経済」つまりオムソーリは、適切なバランスつまりラーゴムが必要となる。貨幣を使用しない「「分かち合い」の経済」が急速に縮小していくのであれば、それを貨幣を使用する「「分かち合い」の経済」を補完してバランスをとらなければならないのである。

新自由主義が家族・コミュニティの復権を説く矛盾

ところが、新自由主義が推進する改革とは、規制緩和、民営化、行政改革などを標榜しながら、実態は競争原理にもとづく市場経済を一元的に拡大し、「「分かち合い」の経済」を解体していくことを意図していた。もっとも、新自由主義も「「分かち合い」の経済」が解体されると、社会システムにおいて対立と抗争が発生してしまうことを想定していないわけではない。しかし、そうした社会システムにおける対立と抗争は、政治システムの防衛や警察力などという強制力によって収拾することが可能だと考えていたのである。

このように新自由主義も、市場経済の外側に社会秩序を組織する政治システムの存在を前提としている。むしろ市場経済は、私的所有権を認めて、それを保護する物理的暴力の存在なしに成り立ちえないことを、新自由主義も重々承知している。つまり、市場経済を機能させるには物理的暴力の存在が必要不可欠なことを充分に認識した上で、正当化された暴力を独占している政治システムが暴力によって、社会秩序を維持することを当然の前提としているのである。

しかし、正当化されているとはいえ、物理的暴力を無闇に発動すれば、社会秩序はかえって混乱してしまう。そこで新自由主義者も「「分かち合い」の経済」を推奨せざるをえなくなる。

ところが、新自由主義者の推奨する「「分かち合い」の経済」とは、あくまでも貨幣を使用しない「「分かち合い」の経済」なのである。つまり、貨幣の必要のない無償労働による「「分かち合い」の経済」でしかない。もう一つの「「分かち合い」の経済」である財政によって「悲しみを分かち合う」という発想は、そこにはないのである。

新自由主義は家族やコミュニティの復権を、伝統的美徳の復活として唱道する。つまり、伝統的美徳を復古主義的に復活させた「美しい国」が掲げられることになる。

しかし、新自由主義が家族やコミュニティなどの自発的協力をもっともらしく説教することは、喜劇ですらある。新自由主義では人間は、快楽と苦痛を一瞬のうちに計算する合理的に行動する「ホモエコノミクス(経済人)」だと想定されている。つまり、他者と協力し、「分かち合う」ことなどありえない人間観なのである。しかも、合理的に行動するという前提は、人間は反省すらしないことを意味している。

市場経済での競争に敗れた者は、政府による生活保障に依存するのではなく、家族やコミュニティなどによる生活保障、つまりコモンズによる生活保障によるべきだと、新自由主義は主張する。しかし、新自由主義は「コモンズの悲劇」を唱える。そもそも共有地にすれば、「コモンズの悲劇」が生ずると主張しておきながら、市場経済の競争に敗れた者は、コモンズに依存すればよいと諭すことは喜劇以外の何ものでもない。

市場経済の領域を拡大すれば、貨幣を使用しない「「分かち合い」の経済」は縮小していかざるをえない。市場経済を拡大させていく一方で、家族やコミュニティの機能の重要性を説くことは、どんな盾をも突き通す矛を売る楚の商人さながらの矛盾なのである。

新自由主義は貨幣を使用する「「分かち合い」の経済」、つまり財政の使命を物理的暴力の行使に絞り込むことによって、社会秩序維持を図ろうとする。それ故に新自由主義は、次章で触れることになるチリのピノチェト(Augusto Pinochet Ugarte)政権にみられるように、独裁政権と結びつく。独裁政権とまでいかないにしても、暴力による強制力を誇る「強い国家」を標榜することになるのである。

第2章　「危機の時代」が意味すること

——歴史の教訓に学ぶ

「分かれ路」としての「危機」

危機の「危」とは「あやうい」ということである。危機の「機」とは「物事の起ころうとするきざし」を意味する。したがって、危機とは「あやうく変化するきざし」ということとなる。

危機の英語つまり「クライシス(crisis)」は「分かれ路」のことである。医者が患者を診断して、「今晩がこの病の峠だ」と結論を出すときの「病の峠」が危機である。

危機を「あやうく変化するきざし」と捉えるにしろ、「分かれ路」と捉えるにしろ、その結論は二つしかない。「破局」か「肯定的解決」かである。

危機という歴史の「分かれ路」では、やみくもにアクセルを吹かしてはならない。ハンドルを切り間違えるどころか、曲がり損なって横転するのが落ちである。

分かれ路では車を止めてでも、地図で現在の位置を確認する必要がある。その上で自己の目指す目的地を確認して、最も適切な路を選択しなければならない。

日本では「改革」といえば、スピードが必要だという意識が刷り込まれている。歴史の曲がり角で必要なのは、スピードではない。冷静に判断し、落ち着いてハンドルを切ることだ。スピードをあげすぎれば、曲がり角では転倒してしまう。

アメリカ発の金融危機は貨幣経済から実体経済へと飛び火し、社会全体が「時代閉塞状況」に陥っている。それは競争原理にもとづく市場経済を拡大させるために、「「分かち合い」の経済」を解体させてしまったからである。「スピード、スピード」と叫びながら、アクセルを吹かしすぎた上に、ハンドルを切り間違えて転倒してしまったといってよい。

「危機の時代」が歴史の「分かれ路」であり、トータル・システムとしての一つの時代が終わりを告げる、歴史の「峠」とも呼ぶべき、歴史の画期だとすれば、脱出へのシナリオも、新しいトータル・システムとしてのヴィジョンを描かなければならない。人間の歴史はより人間的に人間が投企していく過程だとすれば、次の時代も人間がより人間的になる時代として築かなければならない。試行錯誤を繰り返しながらも、そうしたトータル・システムのヴィジョンを描き、状況を変革できるか否かが、この危機を破局ではなく、肯定的解決に帰着させることになるのである。

恐慌が起きるメカニズム

未来は誰にもわからない。この危機を克服するヴィジョンを描こうとすれば、歴史の高みから同じような経験を見い出し、過去からの教訓を学ばなければならない。

現在の危機を歴史の中に見出せば、それは一九二九年の世界恐慌である。「一〇〇年に一度の危機」という言葉からも、それは明らかである。

恐慌はクライシスとも、パニック(panic)とも表現される。ギリシャ神話で「パン(Pan)」といえば、牧羊神である。牧羊神パンは二本の角のある怪異な容貌をもち、下半身は羊という半人半獣神であった。そのパンは突然出現するため、人間から恐れられた。そのため突然出現する「恐慌」は、牧羊神パンによって引き起こされると信じられ、パニックと呼ばれている。

もっとも、恐慌は市場社会がしらじらと明ける頃から始まった。市場社会の夜明けとともに生じた恐慌は、一六三四年から一六三七年までのチューリップ球根恐慌が名高い。オランダでは当時、オスマントルコから輸入されたチューリップ球根に人気が集まり、その価格が高騰したけれど、バブルとしてはじけてしまう。投機が過熱し、バブルが生じると、突然の如くに恐慌が襲い、人々は恐怖に震える。

チューリップ球根恐慌に象徴される恐慌による恐怖の物語は、市場社会の幕明けとともに語り始められるけれども、それは市場社会には恐慌という悲劇のドラマが必ずまとわりついていることをも意味している。自動調節的市場経済が軌道に乗り始めた一九世紀のイギリスでは、ほぼ一〇年周期で恐慌が生じている。つまり、一八二五年、一八三六年、一八四七年、一八五七年、一八六六年とほぼ一〇年周期で恐慌が発生した。好況から恐慌が突然発生して、不況に陥るという景気循環が繰り返されたのである。

このように市場社会では好況、恐慌、不況という景気循環を繰り返しながら、スパイラルに経済が動いていく。こうした景気循環には三つの波動が、これまで指摘されてきた。

第一は、在庫投資循環といわれる短期の波動である。つまり、周期が三年から四年のキッチン循環（Kitchin cycle）と呼ばれる景気循環である。第二は、一〇年周期の設備投資によるといわれるジュグラー循環（Juglar cycle）である。一九世紀にも一〇年周期で明瞭に景気が波動した、この中期の景気循環は、主循環といわれる。第三は、五〇年周期といわれる長期循環である。これは発見者のロシアの経済学者の名にちなんでコンドラチェフ循環（Kondratieff cycle）と呼ばれる。

財政社会学の始祖シュンペーター（Joseph Alois Schumpeter）は、コンドラチェフが新規投資の高揚によると説明した長期循環の要因を、技術革新に求めている。しかも、この前の世界恐慌、つまり一九二九年の世界恐慌の原因を、短期循環と中期循環、それに長期循環が重なり合ったことにあると説明したのである。

しかし、恐慌にはコンドラチェフ循環を含め、周期的恐慌とはいいがたい恐慌も存在する。というよりも、パニックと呼ばれる恐慌は、危機つまりクライシスとも名付けられている。既に述べたように、クライシスとしての危機は、破局か肯定的解決かの分かれ路を意味する。ヨーロッパで「峠」を越えると、それまでとはまったく相違する風景が出現し、文化や言語すら姿を変えてしまうことがある。クライシスとしての危機とは、それ以前とはまったく相違する時代の風景が登場する歴史の「峠」であり、歴史の「画期」だということができる。

「二〇〇〇年に一度の危機」と呼ばれる現在の世界恐慌は、歴史の「峠」を示す恐慌だということができる。一つの時代の構造が崩壊し、新しい時代の構造が形成されていく画期に生ずる恐慌なのである。

産業構造の行き詰まりと大不況

市場社会は「経済」、「政治」、「社会」という三つのサブシステムが、財政を結節点として結びついていると、財政学では捉えていることは既に述べた(一七頁の図1-2参照)。シュンペーターは社会が危機に陥った時には、財政が「社会分析の最良の出発点である」と指摘している。シュンペーターは『租税国家の危機(*Die Krise des Steuerstaats*)』で「社会が転換期にあるときには、このようなアプローチは分析のために最も効果的である」と述べ、「つまり現存の制度が崩壊し始め、新たな制度が生まれ始めているときにそれ(＝財政　引用者註)が最も効果的な分析の手だてとなる。このような場合はいつも財政制度が危機に陥る」からだと主張している。

歴史学派の流れを汲む財政学のアプローチからすると、一九二九年の世界恐慌は「パクス・ブリタニカ(Pax Britannica)」と呼ばれる世界経済秩序の最終的崩壊を示す危機だということになる。これに対して現在の世界恐慌は、第二次大戦後に形成されたアメリカを覇権国とする「パクス・アメリカーナ(Pax Americana)」と呼ばれる世界経済秩序の最終的崩壊という危機である。

もちろん、「パクス・ブリタニカ」とはイギリスを覇権国とする世界経済秩序である。「パクス・ブリタニカ」を支えた市場経済は、軽工業を基軸とする産業構造を基盤としていたということができる。こうした産業構造を基盤とした財政からいえば、「アダム・スミス的自由主義国家」と呼ぶべき「小さな政府」が成立していたのである。

すなわち、アダム・スミス(Adam Smith)が『国富論(*An Inquiry into the Nature and Causes of the Wealth of Nations*)』で主張したように、市場の自由な競争に任せれば、「見えざる手」によって繁栄と平和を達成することができるという思想に支えられた国家観である。つまり政府の機能は、防衛や治安維持といった強制力にもとづく最小限の役割に限定されていた。このような国家を、ドイツの財政学者ラッサール(Ferdinand Lassalle)は「その職務は泥棒と強盗を予防することだけである」と揶揄して「夜警国家」と名づけた。

こうした「パクス・ブリタニカ」のもとで、一八二五年の恐慌から一八六六年の恐慌まで、ほぼ一〇年ごとに恐慌が周期的に生じていく。ところが、一九世紀後半になると、一〇年周期の恐慌は姿を消し、恐慌は大きく容貌を変化させる。

一八七三年にウィーンの株式市場の暴落を契機として、一八九六年まで世界的に卸売価格が下がり続けるという長期停滞型の大不況が生じる。こうした長期停滞型の大不況が出現した理由は、軽工業を基盤とする産業構造が行き詰まったからである。

一八五六年にイギリスの技術者ヘンリー・ベッセマー(Henry Bessemer)が発明した「ベッセマー製鋼法」の登場により、銑鉄から鋼鉄を大量に生産することが可能になった。そのため一九世紀後半が、軽工業から重化学工業へと産業構造を転換していく転換期にあることは当時も認識されていた。

しかし、聳立《しょうりつ》する製鉄所も、鉄道敷設などの一回限りの需要を充足してしまうと、過剰設備を抱えて長期不況に喘ぐことになる。一八九〇年代中頃から景気が回復してくるのも、ドイツやイギリスが軍艦の建造競争を展開したからである。

建艦競争の結末は、第一次大戦という危機に帰着する。しかし、第一次大戦を経験する過程で重化学工業を牽引していく戦略産業が登場してくる。自動車産業と家庭電器産業が、その代表である。重化学工業の戦略産業が登場してくると、鉄鋼業という基礎産業と有機的に関連づけられて、重化学工業を基軸とする産業構造が形成されていくことになる。

「パクス・ブリタニカ」の終焉

ところが、第一次大戦後の一九二〇年代は、「パクス・ブリタニカ」に戻ろうとするように、歴史の振り子が振れていく。つまり、「パクス・ブリタニカ」のもとでの金本位制に復帰しようとしていくのである。

逸早く産業革命を達成したイギリスは、一八一六年に一スタンダード・オンスを三ポンド一七シリング一〇・五ペンスとして、他国に先駆けて金本位制を採用する。金本位制は一九世紀末には国際的に確立されていたけれども、第一次大戦の勃発により動揺する。

もっとも、第一次大戦後には、動揺する「パクス・ブリタニカ」を再建しようとする、歴史の針を戻そうとする動きが現れる。つまり、一九一九年のアメリカを皮切りに、各国とも金本位制へ復帰していくことが目指される。しかし、金本位制への復帰が開始されることによって、緊縮財政が強制され、産業合理化運動という名のリストラクチュアリングが進められていく。その結果、一九二九年のニューヨーク株式市場が大崩落することを引き金とした世界恐慌が起きたのである。

このように一九二九年の世界恐慌は、第一次大戦前から始まる「パクス・ブリタニカ」の解体過程が終焉を告げる晩鐘だったということができる。一九二九年の世界恐慌を契機に「パクス・ブリタニカ」に代わる新しい世界経済秩序の模索過程が開演する。

一九二八年の年末にアメリカの大統領フーバー(Herbert Clark Hoover)は、「われわれは、今日、アメリカにおいて、いかなる国の歴史におけるよりも、貧困に対する最後の勝利に近付いている」と胸を張っていた。しかし、翌年に世界恐慌が生じるや、失業者が溢れ出て、貧困が噴出した。アメリカの失業者は一九二九年に一五〇万人だったが、一九三三年にはその八倍に膨れ上がる。国内総生産も一九三三年には、一九二九年の三分の二にまで落ち込んでいる。しかも、国民総生産が一九二九年の水準に復帰するのは、一九四一年のことである。

したがって、この世界恐慌の教訓としては、世界恐慌からの脱出には一〇年以上の長き年月を費やしたということが、まずいえるだろう。しかし、それだけではない。既に一九三九年に第二次大戦が勃発している。つまり、世界恐慌からの復帰は、悲惨な総力戦の遂行とともに実現したという事実を忘れてはならないのである。

一九二九年の世界恐慌が、失業と貧困を溢れ出させ、社会不安を激化させる。そうした社会不安を背景にして、ドイツとイタリアはファシズムに走っていく。ドイツで国家社会主義ドイツ労働者党（ナチス）を率いたヒトラー（Adolf Hitler）が政権に就くのは一九三三年のことである。

もちろん、日本もファシズムへとのめり込み、ソヴィエトは社会主義計画経済へと走る。アメリカでも、当時のフランクリン・ルーズベルト（Franklin Delano Roosevelt）大統領がニューディールを掲げ、社会改革に着手せざるをえなくなる。経済人類学の理論を構築したポランニーによれば、ファシズムにしろ、社会主義にしろ、ニューディールにしろ、社会を崩す「悪魔の碾《ひ》き臼《うす》」である市場経済からの「社会防衛（social protection）」であり、「社会的反動（social counter-movement）」ということになる。

しかし、こうした「社会的反動」の結果として、新しい世界経済秩序の形成には失敗してしまう。新しい世界経済秩序を形成するどころか、ブロック経済化が進み、ついには第二次大戦という破局を迎えることとなる。

イギリスの経済学者ジョーン・ロビンソン（Joan Violet Robinson）にいわしめれば、こうした破局への道は、「近隣窮乏化政策（beggar-my-neighbour policy）」の結果である。つまり、自分さえよければと、他国の経済状況を悪化させるような政策を採用したからである。この教訓は、現在の世界恐慌からの脱出を模索する際にも学ばなければならない。

恐慌に限らず不幸を克服するには、不幸を「分かち合えるか否か」にかかっているといってもいいすぎではない。「自分さえよければ」、「生き残りをかけた競争に勝たなければ」という強迫の論理に踊らされれば、危機を克服するどころか、破局の方向へと舵を切ることになることを忘れるべきではない。

「パクス・アメリカーナ」の形成と「ブレトン・ウッズ体制」

第二次大戦という人類史的悲劇の渦中から、アメリカを覇権国とする「パクス・アメリカーナ」という世界経済秩序が形成される。それが一九四四年にアメリカのニューハンプシャー州のブレトン・ウッズで合意され、その名を冠した「ブレトン・ウッズ体制」である。

このブレトン・ウッズでの会議では、連合国四四カ国が集まり、国際通貨制度の再構築や安定した為替レートによる自由貿易について取り決められ、その決定を実行する機関として国際通貨基金（ＩＭＦ）と国際復興開発銀行（ＩＢＲＤ）が設置された。ブレトン・ウッズ体制では、金一オンスを三五ドルと定め、ドルを基軸通貨とする固定相場制が実施されることとなった。

「ブレトン・ウッズ体制」は、金本位制への復帰に呪縛され、市場経済が引き起こす社会不安に対応できずに、近隣窮乏化政策に走り、破滅的世界大戦を招いたという省察にもとづいていた。しかも、第二次大戦という総力戦を遂行するために実施した統制経済の学習効果から、資本統制への信頼が刻み込まれていたのである。

「ブレトン・ウッズ体制」とは金融を社会の「主人」とするのではなく、金融を社会の「下僕」にしようと考えていたと、ポランニーの思想を継承するポランニアン(Polanyian)たちは指摘する。アメリカの国際政治学者ジョン・ラギー(John G. Ruggie)の表現に従えば、「ブレトン・ウッズ体制」とは「埋め込まれた自由主義」を目指したのである。

「埋め込まれた自由主義」とは「パクス・ブリタニカ」のように「金本位制と自由貿易を主軸とする自由主義」ではなく、「国内における市場介入を前提」とした国際主義を意味していた。これがアメリカを覇権国とした世界経済秩序である。

ブレトン・ウッズで開催された会議では、イギリス代表のケインズが提唱するケインズ案と、アメリカ代表のホワイトが提唱するホワイト案が対立した。国際通貨体制に関してケインズは、国際機関が「バンコール(bancor)」という国際通貨を発行することを主張した。それに対して、ホワイトはドルを基軸通貨とすることを主張した。しかし、この両者に基本的対立があったというわけではない。というのも、ケインズ案にしろホワイト案にしろ、完全雇用、経済統制、社会福祉、労働組合を重視した国内介入主義を前提にしていたからである。

ブレトン・ウッズでの基本的対立は、むしろ金本位制の放棄と国内介入主義に反対する金融界と、ケインズ案およびホワイト案だったということができる。つまり、「パクス・アメリカーナ」とは、国民国家を枠組みとする政治システムが市場経済に介入して、社会システムを保護することと、国際的自由貿易を損なわない世界秩序の形成を意味したのである。

重化学工業を基盤として

「パクス・アメリカーナ」のもとでは、固定為替相場制が導入されていた。もちろん、固定為替レートを維持するために、資本統制が容認されている。つまり、租税負担の高さや政治的要因によって、資本逃避(キャピタル・フライト capital flight)が生じないようにする資本統制が認められていた。こうした資本の自由な移動を統制する権限が、国民国家に与えられていたことこそ、第二次大戦後の「混合経済」と「福祉国家」が機能する前提条件となっていたのである。

第二次大戦後には、重化学工業を基軸とする産業構造が、「混合経済」あるいは「福祉国家」

に支えられて全国的に開花した。つまり、自動車や家庭電器という耐久消費財を戦略的産業に、鉄鋼業さらには石油重化学工業を基盤産業にした産業構造が展開していく。

軽工業を基軸とする産業構造と相違して、重化学工業を基軸とする産業構造のもとでは、市場経済が機能するために所有権を保護する防衛や司法などの強制力に加えて、重化学工業による大量生産、大量消費を支える前提条件として、全国的交通網やエネルギー網という社会的インフラストラクチュアが要求される。つまり、第二次大戦中に形成された中央集権的国民国家が、アメリカの財政学者コルム(G. Colm)の表現に従えば、「生産協力者」国家として、全国的に社会的インフラストラクチュアを整備していく。そうした社会的インフラストラクチュアが、コルムによれば「高次の生産要素」として機能して、重化学工業を基軸とする産業構造の発展を支えたのである。

所得税・法人税を基幹税として

「パクス・アメリカーナ」の「ブレトン・ウッズ体制」のもとでは、資本移動に対する統制権限を国民国家が握っていた。土地、労働、資本という生産要素のうち、土地も労働も移動しない。もちろん、労働は動かないわけではないが、国境でコントロールすることが可能である。

しかも、言語や文化という障壁がある。

ところが、資本は国境を越え、鳥の如くに自由にフライトする。市場社会では土地、労働、資本という生産要素の生み出す所得に課税して、政治システムが統治に必要な貨幣を調達する。しかし、資本が生み出す所得に課税しようとしても、資本が自由に国境を越えて移動すれば、高額所得を形成する資本所得には課税できなくなってしまう。

第二次大戦という総力戦を遂行する過程では、所得税と法人税を基幹税とする租税制度が形成されていた。総力戦は、国民が苦難を「分かち合う」ことをしなければ遂行できない。国民が血を流している時に、戦時利潤をほしいままにして金まみれになる者が存在すれば、たちまち総力戦は遂行不可能になる。

そこで戦時経済の資本統制と絡み合いながら、資本所得への課税は強化されていく。資本所得への課税の強化は、企業利潤として資本所得が発生した段階で法人税で課税するとともに、資本所得が高額所得者の所得源泉でもあるため、所得税の累進性(高い所得により高い税負担を求めること)を高めることで実施される。そのため第二次大戦後の租税制度は、高率の税率を備えた法人税と、高い累進性を備えた所得税を基幹税とする戦時税制の遺産を継承してスタートしたのである。

再分配と経済成長の「幸福な結婚」

こうした所得税と法人税を基幹税とする租税制度は、総力戦を遂行するため豊かな税収をもたらしたという点だけから定着したわけではない。市場経済を安定化させ、さらに市場経済がもたらす社会の亀裂をも解消できるという戦時体制の学習効果にもとづいていた。

所得税と法人税は弾性値が高いため、好況の時には自動的に、所得の増加よりも多くの税収をもたらし、景気過熱を抑制する。不況の時には逆の作用が働き、税収は自動的に減少するため、景気を自動的に調整するビルト・イン・スタビライザー効果があると認識されたのである。

もちろん、高額所得を形成する資本所得に対して重く課税する所得税と法人税を基幹税とする租税制度は、所得再分配機能に優れている。財政による所得再分配を強めることは、重化学工業の戦略産業である自動車や家庭電器という耐久消費財の需要を高めるだけではなく、市場経済が引き起こす社会不安をも安定化させると考えられたのである。

所得税と法人税の税率が高ければ、ビルト・イン・スタビライザー効果は高まり、市場経済は安定する。しかも、所得再分配機能は強まり、社会の統合性は高まる。社会の統合性が高まると、労働意欲が高揚し、生産性も向上する。こうして所得再分配と経済成長が両立するという「幸福な結婚」が信じられたのである。

第二次大戦後には「黄金の三〇年」と称賛される高度成長が実現する。それは重化学工業を基軸とする産業構造の発展によって可能となったのだが、同時に所得再分配国家つまり福祉国家の形成によって支えられていた。重化学工業を基軸とした産業構造を基盤にすると、政府が所得再分配機能を高めれば高めるほど、経済成長が可能となるという関係が成立したのである。

第二次大戦後に形成された「パクス・アメリカーナ」とは、所得再分配を中心とした介入主義的国家が織り成す世界経済秩序である。ブレトン・ウッズ体制とは所得再分配国家を機能させるために、資本統制の権限を国民国家に認め、固定為替相場制のもとに自由な国際貿易との両立を意図したのである。

ケインズ的福祉国家へ

既に述べたようにラッサールは「小さな政府」の国家を「夜警国家」と揶揄したが、さらに一九世紀後半に登場するドイツ財政学によって「小さな政府」論は覆されることになる。明治憲法制定のためにドイツに渡った伊藤博文を指導したドイツ財政学の三巨星と讃えられるシュタイン(Lorenz von Stein)は、「経費が大なるが故に一方の国は優良であり、経費が小なるが故にもう一方の国は不良であるといってよいであろう」と説いたのである。

以降、このシュタインの至言が支配的となり、「小さな政府」論は「大きな政府」論に常識の地位を追われることになっていく。つまり、第二次大戦後の「パクス・アメリカーナ」のもとでは、市場経済に対して「レッセ・フェール(laisser-faire 自由放任)」を主張するアダム・スミス的自由主義国家は懐かしい思い出話となり、市場経済への介入を肯定するケインズ的福祉国家(Keynesian Welfare State)が挙《こぞ》って目指されるようになる。

軽工業を基軸とした産業構造を基盤にしてアダム・スミス的自由主義国家が成立し、そうしたアダム・スミス的自由主義国家を結集して、「パクス・ブリタニカ」という世界経済秩序が形成されていたということができる。これに対して重化学工業を基軸とした産業構造を基盤にして成立したケインズ的福祉国家が集合して、「パクス・アメリカーナ」という世界経済秩序が形成されていたのである。

一九二九年の世界恐慌が、アダム・スミス的自由主義国家が形成していた「パクス・ブリタニカ」という世界経済秩序が最終的に崩壊する歴史の「峠」であったことは、既に述べたとおりである。その歴史の「峠」を越え、第二次大戦という破局的悲劇を経験して「パクス・アメリカーナ」は誕生したということができる。

一九七三年の「九・一一」

「パクス・アメリカーナ」の解体期は、一九七三年を象徴の年として始まる。というのも、この年にアメリカを覇権国とする世界経済秩序が崩壊する序曲を奏でる三つの事件が発生したからである。

第一の事件は、「九・一一」である。「九・一一」といえば、二〇〇一年九月一一日に起きたアメリカでの同時テロが想起されるけれども、ここで「九・一一」とは一九七三年の「九・一一」を指す。一九七三年に起きた「九・一一」とは、アメリカが覇権国として君臨する際に掲げた「民主主義」の旗印を、アメリカ自身が野蛮な暴力によって引き裂いていった事件である。反市場主義的な政策を唱え、民衆の支持を集めていたチリの大統領サルバドール・アジェンデ(Salvador Allende)が、一九七三年九月一一日、ピノチェト将軍が率いる軍のクーデターによって惨殺された。このクーデターには、アメリカの諜報機関ＣＩＡ(Central Intelligence Agency)の関与が指摘されている。

つまり、民衆によって選ばれた一国の元首が、アメリカを後ろ盾とした卑劣な暴力によって、その職から引きずり降ろされてしまう。アジェンデを惨殺し、大統領の地位を手にしたピノチエトは暴力的な独裁政権を確立し、新自由主義の政策を推し進めていくことになる。

アジェンデ大統領は一九七三年九月一一日、燃え盛る炎を背後に、国民に向って最後の演説を行う。アジェンデは「この歴史的な瞬間に際して、私はわが人民の忠誠に死をもって応えねばならないことを知っている」と自らは死を覚悟した上で、国民に対しては、「諸君は自分の身を銃弾にさらしてはならないし、みずからを辱めてはならない」と諭している。アジェンデはチリ国民に、「私はチリ人民を信じ、その運命を信じる。裏切りが勝利したからには、次には別のひとびとがあらわれて、この暗い辛いときを乗り越えるだろう」と訴え、「知ってほしい。やがて大通りがふたたび解放されて、その上を自由な人間がより良き社会の建設に向けて歩み出ることを！」との最後の言葉を残したのである（ジャン・ジグレール、渡辺一男訳『私物化される世界――誰がわれわれを支配しているのか』阪急コミュニケーションズ、二〇〇四年）。

石油ショックの勃発

第二の事件は、石油ショックである。一九七三年一〇月に第四次中東戦争が勃発し、原油価格が一バレル三ドルから一一・六ドルへと一挙に跳ね上がる。

中東は覇権国アメリカにとってのアキレス腱である。一九四八年にユダヤ教発祥の地パレスチナに、アラブ人を排除して、ユダヤ人の国家を建設した。それはアラブ人の誇りからいっても、コーランの教えからいっても、アラブ人にとっては容認しがたい屈辱だったのである。

そのため中東は「パクス・アメリカーナ」の火薬庫となる。三次にわたる中東戦争では確かに、イスラエルは勝利した。しかし、一九七三年の第四次中東戦争では戦況が互角の状況から、イスラエルは休戦へと追い込まれる。この第四次中東戦争でアメリカがイスラエルを支援したため、アラブ諸国はその報復として、アメリカに対する石油輸出を禁止したのである。

しかも、アラブ諸国はアメリカへの石油輸出禁止を解除した時に、石油輸出国機構（OPEC Organization of Petroleum Exporting Countries）は前述のように、原油価格を一挙におよそ四倍にまで引き上げた。しかし石油ショックは、中東という「パクス・アメリカーナ」の火薬庫が火を噴いたという政治抗争のドラマだということだけを意味したわけではない。

それは「パクス・アメリカーナ」を支えていた重化学工業を基軸とする産業構造の行き詰まりをも物語っていた。第二次大戦後に「パクス・アメリカーナ」のもとで先進諸国は、「黄金の三〇年」と呼ばれる高度成長を謳歌する。そうした高度成長は重化学工業における絶えざる技術革新の成果だといってよい。つまり、持続的な技術革新が波及的効果をもたらし、その結果として生産性も上昇したのである。

もちろん、重化学工業における技術革新が停滞し始め、その波及効果として実現していた生産性も鈍化する。そもそも大量生産・大量消費を実現する重化学工業は、石油を初めとする自然資源多消費型産業である。もちろん、自然資源を多消費すれば、自然資源価格は相対的に上昇する。そうした自然資源価格の相対的上昇を絶えざる技術革新が抑制していたのである。ところが、技術革新が停滞すれば、石油を初めとする自然資源価格は相対的に上昇する。それが中東戦争を契機に爆発したのが、石油ショックだといってよい。

「パクス・アメリカーナ」の解体へ

第三の事件は、ブレトン・ウッズ体制という「パクス・アメリカーナ」の世界経済秩序の崩壊である。ブレトン・ウッズで合意された戦後の世界経済秩序では、「パクス・ブリタニカ」のもとで採用されていた金本位制を放棄している。しかし、ブレトン・ウッズ体制では金本位制は放棄したものの、覇権国アメリカにだけは通貨の切り下げを容認せず、ドルの金兌換を義務づけたのである。

つまり、第二次大戦後の世界経済秩序は、覇権国アメリカの通貨を「国際通貨」として、第二次大戦後の学習効果から資本統制を認め、固定為替相場制を維持することで、国際的に自由な貿易を実現しようとした。もっとも、アメリカは覇権国として君臨する代償として、国際流動性を供給する責任を負わされていたのである。

しかし、そのためにはアメリカの経済は優位が圧倒的であることが条件となる。ところが、アメリカの経済が優位性を徐々に衰退させていくと、イェール大学教授のトリフィン(Robert Triffin)が指摘した「流動性のジレンマ」が生じてしまう。つまり、国際的流動性を維持しようとすれば、国際通貨としての信頼性が動揺するという矛盾に陥ってしまうのである。

一九七一年には「ニクソン・ショック(Nixon shock)」、つまりアメリカのニクソン大統領がドルの金兌換を停止する「新経済政策」を宣言する。もちろん、覇権国アメリカがドルの金兌換を停止したことは、ブレトン・ウッズの約束を覇権国自ら破棄したことを意味する。しかも、一九七三年二月にニクソン政権は固定為替相場制から変動為替相場制へ移行させ、「ブレトン・ウッズ体制」との決別を告げたのである。

新自由主義の拡大

一九七三年に生起した、こうした三つの事件は、第二次大戦後に先進諸国が挙って目指した福祉国家を支えていた条件が崩れていくことを雄弁に物語っていた。石油ショックは、所得再分配国家と表現すべき福祉国家を支えた重化学工業による経済成長という前提条件の喪失にほかならない。さらに固定為替相場制から変動為替相場制への移行は、福祉国家の所得再分配を可能にする条件である「ブレトン・ウッズ体制」の資本統制が認められなくなることを意味していたのである。

「九・一一」は福祉国家の所得再分配を推進する民主主義という実現条件が失われたことを示している。未来は誰にもわからない。未来の選択は社会の構成員の英知を結集して決定する民主主義に委ねたほうが間違う可能性は低い。民主主義を暴力で否定した「九・一一」によって、歴史の転換期で舵を切り間違えるという歴史的過ちが演出されてしまうことになった。

一九七三年九月一一日のクーデターで、チリの大統領アジェンデを惨殺したピノチェト将軍は、ほしいままに民主主義を弾圧する暴力的な独裁政権を樹立する。ピノチェトは政権の座に着くや、マネタリストのフリードマン(Milton Friedman)の仲間たちを経済閣僚に据える。しかも、フリードマンを招いて政策指導を仰ぎ、新自由主義にもとづく経済政策を展開する。このピノチェト政権の経済政策の成果を、フリードマンは「チリの奇跡」と讃美したのである。

宇沢教授は一九七三年九月一一日、シカゴで同僚との集いに出席していたとのことである。その集いの場に、アジェンデ惨殺の知らせが届いた時に、フリードマンの仲間たちが歓声をあげて喜び合ったという。

宇沢教授の脳裏からは「そのときの、かれらの悪魔のような顔」が離れないという。それは市場原理主義が世界に輸出され、現在の世界的危機を生み出すことになった決定的な瞬間だったと指摘した上で、宇沢教授自身にとって市場主義を信奉するシカゴ学派との決定的な決別の瞬間だったと悲しげに述懐している。こうして野蛮な暴力による強力な後押しで、新自由主義の経済政策が世界の表舞台に登場してくることになる。

一九七九年には、新自由主義を標榜する「鉄の女」と呼ばれたサッチャー(Margaret Thatcher)が、イギリスで政権の座に就く。さらにアメリカで新自由主義を掲げるレーガン(Ronald Reagan)が、第四〇代大統領に就任する。一九八二年、日本では、新自由主義を唱える中曽根政権が誕生する。このように日本やアングロ・アメリカン諸国で、新自由主義を掲げる政権が一九八〇年代を境にして堰を切ったように広がっていくことになる。

福祉国家から「小さな政府」へ

新自由主義は、第二次大戦後に先進諸国に定着した福祉国家を根底から否定する。福祉国家を理論的に支えたケインズ主義では説明できない、インフレーションと不況の同時併存というスタグフレーションが、石油ショックによって生じる。そうすると新自由主義は、鬼の首を取ったかのように、「大きな政府」を形成してしまった福祉国家の失敗だと批判する。

新自由主義が提示するスタグフレーションの処方箋は、国民国家が市場に加えていた規制を緩和し、国民国家が経営していた国営企業を民営化し、「小さな政府」を実現することである。こうした主張は、国際的過剰資本をアメリカの支配のもとに、世界の大空を鳥の如く自由に飛び回らせようとする意図にもとづいているといってよい。

既に述べたように、石油ショックは第二次大戦後の高度成長を可能にした重化学工業を基軸とする産業構造の行き詰まりを意味していた。継続的な技術革新が停滞すると、石油を初めとする自然資源価格が高騰する一方で、過剰な資金の投資先が喪失する。

そうなると、国際的に過剰資本が形成される。それはオイル・マネーを想起してみれば、容易に理解できるはずである。そうした国際的過剰資本を、アメリカの支配のもとに、自由に動き回らせ、アメリカの覇権を維持することが新自由主義の背後理念だといってよい。

そのためブレトン・ウッズ体制は、たちまちのうちに崩されていく。ブレトン・ウッズ体制の固定為替相場制を支えた資本統制は解体され、金融自由化が急速に進められてしまうのである。

とはいえ、国境を越えてグローバルに動き回る資本が、新しい産業構造の創出に向ったというわけではない。資本統制を解除してしまうと、高額所得を形成する資本所得に対して、法人税や累進的所得税で重課することが困難になる。法人税や累進的所得税で資本所得を重課しようとすれば、資本逃避が一瞬のうちに生じてしまうからである。

そうなると、所得再分配が困難となる。もちろん、新自由主義の主張に従って労働市場への規制を緩和すれば、市場における所得分配は不平等になる。さらに加えて、財政による所得再分配を弱めれば、当然のことながら、不平等は激化する。もちろん、不平等が激化すれば、社会に亀裂が生じて、社会統合が困難となる。そこで新自由主義は「小さな政府」を目指すけれども、民主主義を弾圧する「強い政府」を主張することになる。

「無慈悲な企業」の限界

しかし、新自由主義は「パクス・アメリカーナ」の崩壊を喰い止めることはできない。それどころか新自由主義は「パクス・アメリカーナ」の解体を意に反して推進してしまうことになる。

というのも、一九七三年を象徴の年とする「パクス・アメリカーナ」の解体期には、行き詰まっている重化学工業を基軸とする産業構造を転換する必要がある。ところが、新自由主義には産業構造の転換を推進するシナリオは描けないのである。

確かに、サッチャー政権をみると、製造業の生産性を向上させてはいる。そのため「イギリス経済の奇跡」を実現したと称賛された。しかし、そうした生産性の向上は、産出高の下降傾向との同時進行によって達成されている。つまり、人件費などのコストを抑制することで、数字上の生産性を上げているのにすぎないのである。それは新自由主義が推進する経済の活性化とは、技術革新による経済活性化ではなく、消極的減量経営を推進するにすぎないことを物語っている。

新自由主義が称賛する企業とは、技術革新に果敢にチャレンジする企業ではない。容赦なく人間を切り捨てる「無慈悲な企業」なのである。もちろん、そうした「無慈悲な企業」には、新しい産業を創設し、産業構造をより人間的な社会の実現を目指して転換していく使命など担いようがないのである。

バブルは産業構造を転換する必要のある時代に、新しい産業の創設へと投資が向わない時に生じる。新しい産業へ投資をすべき時に、先述したようにチューリップの球根を熱に浮かされたように購入すれば、バブルが発生してしまう。一七二〇年代に生じた「南海会社泡沫恐慌」

も、海の水を水銀に変えるというようなプロジェクトに投資した結果の文字どおりの「泡沫(bubble)」だったのである。

技術革新に果敢にチャレンジすることもなく、無慈悲に人間を切り捨てる企業は、新しい産業を創造する投資を担うはずもない。しかも、技術革新に果敢にチャレンジをしたとしても、これまでのような労働手段としての機械設備に対する技術革新への投資では、産業構造を転換するような新規産業の創設は不可能なのである。

必要なのは知識社会へ向けた技術革新

経済とは、人間が自然に働きかけて、人間にとっての有用物に自然を変えていく営みだといってよい。

農業では大地の恵みが生産の決定的要因となる。農業において、人間労働は、土地という生産要素に対して、補助的な役割を演じるにすぎないからである。したがって、農業では、人間が働きかける自然という「対象」の豊かさが生産にとって決定的要因となる。

これに対して工業では、機械が生産の決定的要因となる。人間の労働は機械に従属し、機械に対してやはり補助的役割を演じるにすぎない。ただし、農業と違い、工業の場合には、人間が働きかける「対象」ではなく、「手段」である機械が生産にとって決定的要因となる。

そのため工業で技術革新といえば、人間が自然に働きかける「手段」である機械に焦点が絞られることになる。労働手段における絶えざる技術革新は、石油を初めとする自然資源の大量動員を要求する。それとともに人間の労働、それも単純労働を大量に必要とするようになる。

しかし、労働手段としての機械の技術革新が進むと、単純労働だけが増大していくわけではない。機械設備が高度化し、有機的に関連づけられていくようになれば、人間の組織としての企業組織も巨大化して、管理労働が増加する。つまり、巨大化した機械設備と人間の組織に対する管理労働も増大していく。

工業化の時代には主に人間の筋肉系統の能力が要求されてきたが、工業化が発展するにつれて、人間の頭脳や神経系統の能力が要求されるようになる。つまり、知識労働と呼ぶべき形態が必要とされてくるのである。

工業のように人間が補助的な役割を果すのではなく、人間が主体となって、より人間的な能力を発揮させていく労働が要求されるようになる。こうした知識労働こそが、絶えざる技術革新を可能にするといっても過言ではない。

知識労働を中心にした社会とは、スウェーデン政府が掲げている言葉を使えば、「知識社会

(Knowledge Society)」ということになる。それは、農業社会から工業社会へ、そして工業社会から知識社会へというように、経済社会発展の延長線上に位置づけられるのである。

これまでの大量生産・大量消費に代わって知識社会では、知識によって「質」を追求する産業、より人間的な生活を送るために必要なものを知識の集約によって生み出していく産業、すなわち知識産業が求められる。それと同時に、人間が機械に働きかける工業よりも、サービス産業という人間が人間に働きかける産業も主軸を占めるようになる。

しかし、新自由主義が推奨する「無慈悲な企業」には、知識社会へと移行する技術革新を担うことはできない。そもそも「無慈悲な企業」では、技術革新に果敢にチャレンジできない。「無慈悲な企業」にできることは、人的投資にほかならない人件費を目の敵にして削減することである。その結果、知識社会への技術革新を可能にする人的投資を怠ってしまうのである。

工業社会から知識社会へ転換していくためには、産業構造を転換する方向に投資が向わなければならない。そうしなければバブルが生じ、バブルが弾けるというバブル経済が繰り返されるだけである。しかし、新自由主義にもとづけば、産業構造を転換する方向には投資は向わない。バブルの発生と崩壊のドラマが、繰り返し上演されるだけである。

いま新しい産業構造を形成するとき

一九七三年を象徴の年とする「パクス・アメリカーナ」の解体期に、新自由主義はアメリカの覇権を強化しようとして、破滅へのシナリオを描いていく。「パクス・アメリカーナ」の解体期に、新自由主義は金融自由化を推進して、バブルを次から次へと発生させては、泡沫の夢の如くに弾けさせていく。

オイル・マネーに代表される国際的過剰資本を、解体期に最初に導いた地は、「中進的」と表現され、経済発展が期待されていた中南米である。オイル・マネーがアメリカの金融機関を経由して、中南米へと飛来し、中南米のメキシコ、アルゼンチン、ブラジルと中南米経済は活況を呈することになる。もちろん、「チリの奇跡」も演出されたことも付け加えなければなるまい。

しかし、バブルは必ず弾ける。一九八二年のメキシコを最初として、ブラジル、アルゼンチンと次から次へと対外債務の返済困難に陥っていく。こうして一九八〇年代に中南米は、「失われた一〇年」という時を刻むことになる。

中南米の次には、国際的過剰資本は日本へと流入する。そのため日本は一九八〇年代後半に、うたかたのバブル景気に踊ることになる。もちろん、バブルは久しからずである。日本は一九九〇年代にバブルが弾け、「失われた一〇年」という時に苦悩したのである。

次に国際的過剰資本は東南アジアへと飛来して、バブルを発生させるというように、バブルを発生させては弾けさせていく。新しい世紀を越えると、中国とインドが台頭し、ブラジルとロシアを加えてＢＲＩＣｓと呼ばれるようになる。

しかし、中国にしろインドにしろ、新しい産業構造を創出したわけではない。先進諸国が第二次大戦後に形成した自然資源多消費型の産業構造を、一周期遅れで走らせているだけにすぎない。ブラジルとロシアにいたっては自然資源に恵まれ、中国とインドに追随しているにすぎない。

自然資源多消費型の産業構造の限界は既に経験済みである。スタグフレーションが生じてしまう。まして地球の人口の三分の一にも及ぶ中国とインドが、自然資源多消費型産業構造を走らせれば、なおさらである。自然資源価格が上昇し、不況が深刻になるというスタグフレーションが再燃するだけである。

もちろん、国際的過剰資本が規模を拡大して形成される。そうした国際的過剰資本が行き場を失い、アメリカに舞い戻っても、新しい産業構造の創出には結びつかない。「ＩＴ革命」と騒がれても、新しい産業構造形成には結びつかずに、ＩＴバブルが発生しただけである。挙げ句の果てに低所得者層への住宅ローンに手を染めていく。それが新しい産業構造の形成とは無縁の長物であったことは明らかである。結果はサブプライムローンの破綻となって、世界を震撼させることになる。

しかし、それは「パクス・アメリカーナ」の夕闇に打ち鳴らされた晩鐘である。アメリカにとっては暗く辛い闇夜だけが待ち受けているのである。

第3章　失われる人間らしい暮らし

――格差・貧困に苦悩する日本

「小さな政府」でよいのか

ミネルバの梟《ふくろう》は迫り来る夕闇とともに初めて飛び始めるといわれる。この言葉をもってヘーゲル(Georg Wilhelm Friedrich Hegel)は自己の歴史の解体期にいたって、初めて自己の本質に気がつくことになると指摘している。

歴史を眺めると、皮肉な現象に出会う。破滅を回避しようとして、破滅する方向へと舵を切っていくアイロニーが、歴史の舞台ではしばしば演出される。

古い時代が腐臭を放って崩れ落ちる解体期は、カオスつまり混沌とした時代状況となる。古い秩序としてのコスモスが崩れているにもかかわらず、新しいコスモスが未だ形成されていないからである。

現在の危機的な解体期に生じるカオスを破局へと結びつけず、肯定的解決に帰着させるには、新しい時代のシナリオを描き、「約束の地」に辿り着くことである。そうした新しい時代のシナリオだと称して登場した新自由主義は、破滅の方向へとハンドルを切り、解体期のカオスを逆に深めることで、皮肉にも解体期を終結させたということができる。それは新自由主義が人間の歴史の針を、暗き過去へと逆戻りさせる歴史的反動のシナリオだったからである。

政府を小さくし、政府が市場に加えた規制を緩和し、政府が経営する「国営企業」を民営化するという新自由主義の主張は、絶対主義王制の時代から市場社会を形成する時代における新しい社会のシナリオである。つまり、「富国強兵」を掲げる絶対主義を支える常備軍と官僚制がもたらす「大きな政府」を小さくするとともに、絶対主義による市場取引の規制を緩和し、絶対主義の経営する官営企業を民営化することを唱えたといってよい。こうした自由主義の経済思想は、新しい市場社会を形成する導き星だったのである。

しかし、市場社会が形成されると、市場経済が生起させる「市場の失敗(market failure)」に対応するために、政府を大きくせざるをえなくなる。さらには政府が市場に介入し、政府が公的企業を経営しなければ、市場経済すら有効に機能しなくなる。その帰結として福祉国家が形成されたのである。

そうして形成された福祉国家の行き詰まりに対して、新自由主義は「小さな政府」、「規制緩和」、「民営化」という古き時代の自由主義思想を復活させているにすぎない。新自由主義が歴史への反動であることは、誰もが容易に理解できるはずである。実際、新自由主義は新しき時代のヴィジョンを提示するのではなく、崩壊する支配的利益を護持することをひたすら目指している。

「企業は大きく、労働者は小さく」の結末

新自由主義は「小さな政府」を唱える。確かに、福祉国家は一九世紀中葉の自由主義国家の「小さな政府」ではなく、「大きな政府」である。しかし、福祉国家の時代は「大きな政府」だけではなく、三つの「大きな」要素から形成されていたことを忘れてはならない。つまり、福祉国家の時代とは「大きな政府」、「大きな企業」、「大きな労働者」から形成される「大きな」時代だったのである。

一九世紀の自由主義国家の時代が軽工業を基軸にしていたのに対し、福祉国家の時代は重化学工業を基盤としていた。つまり、地域に密着した小企業が担った軽工業とは相違して、大企業を形成して重化学工業を基盤とした「大きな企業」の時代だったのである。

「大きな企業」には大量の労働者が雇用される。その意味で福祉国家の時代とは、「大きな労働者」の時代である。しかし、ここでいう「大きな労働者」という意味は、大量雇用の労働者という意味にとどまらない。

「大きな企業」に大量雇用される労働者が、労働組合として組織され、大きな発言力を獲得

していたという意味でも、「大きな労働者」なのである。もちろん、大きな発言力とは組織された労働者が、労働市場において賃金や労働条件の決定に強い発言力を行使したというだけにとどまらない。大衆デモクラシーを開花させて、政治的発言力を強め、労働市場への規制や社会保障制度を充実させる「大きな政府」を実現させたのである。

もちろん、一九世紀の自由主義国家の時代は、「小さな」時代である。「小さな政府」に軽工業を担う「小さな企業」、さらに労働者には選挙権すらない「小さな労働者」の時代だったのである。

新自由主義は古き「小さな」時代へと復古を目指す。サッチャーに語らせれば、「ビクトリアの美徳に戻れ」である。

しかし、新自由主義は単なる復古主義ではない。新自由主義は「大きな政府」を「小さな政府」に改めることを宣伝する。さらに、「大きな労働者」の発言力を弱め、「小さな労働者」にすることに情熱を傾ける。

ところが、新自由主義は「大きな企業」を「小さな企業」へとは口が裂けてもいわない。つまり、労働者の発言力を弱め、労働者が獲得してきた労働市場での権利や社会保障による生活保障の権限を奪い、「大きな企業」の権限をより大きくすることを目指したのである。

日本は「大きな政府」だったのか

新自由主義は「小さな」時代を唱えながら「小さな政府」と「小さな労働者」を主張し、「大きな企業」を実現させた。「小さな」時代に「大きな企業」が君臨すると、貧困と格差という悲劇が溢れ出てしまう。

歴史を振り返れば容易に理解できるように、一九世紀の「小さな」時代に「大きな企業」が登場するようになり、貧困と格差という社会問題が溢れ出てしまったので、「大きな労働者」を背景に「大きな政府」が形成されてきた。そうした歴史の教訓に何も学んでいないのである。

歴史の針を逆戻しするように、「大きな企業」を「小さな政府」と「小さな労働者」のもとに君臨させれば、貧困と格差が噴出することは火を見るよりも明らかである。これが歴史の反動としての新自由主義が演出する貧困と格差の悲劇なのである。

新自由主義が指揮棒を振って演じられる悲劇の内容は、先進諸国によって大きく相違する。そもそも先進諸国が挙って福祉国家という「共通の道程(common path)」を歩んだといっても、そこには「相違するパターン(divergent patterns)」が存在する。しかも、覇権国アメリカのもとに布教される新自由主義のインパクトも相違するからである。

新自由主義が演出した日本の悲劇は苦悩に満ちた悲惨に溢れていた。それは日本には新自由主義を盲信する信者を広めるために、多くの新自由主義の傭兵たちが踊り出たからでもある。

ただし、それとともにそもそも日本では、福祉国家の時代という「大きな」時代が存在したかどうかが疑わしいほど変種の福祉国家だったことが大きな要因となっている。確かに、日本は第二次大戦後に「優等生」と讃えられるほど、重化学工業化に成功し、「大きな企業」を形成した。

しかし、日本は「大きな政府」を形成したとはいいがたい。日本が福祉国家を目指し始めるのは、「福祉元年」といわれる一九七三(昭和四八)年を待たなければならない。ところが、その一九七三年は、まさに先進諸国において第二次大戦後に定着した福祉国家体制が解体する象徴の年だったのである。

日本では第二次大戦後に「福祉国家」を目指すこともなく、国際的にみても一貫して「小さな政府」だったということができる。もちろん、日本が「小さな政府」にとどまることができたのは、日本では「大きな労働者」の形成が未成熟だったからだといってよい。

「大きな企業」が形成されているにもかかわらず、「小さな政府」と「小さな労働者」のままでも、第二次大戦後の「黄金の三〇年」に、格差や貧困という社会問題を深刻化させることなく、「優等生」として経済成長を謳歌できた秘密は、企業と家族という共同体あるいは擬似共同体の存在にある。

擬似共同体としての日本企業

言語学の教えに従うと、日本語では家族という共同体の内部において、家族内序列で目上の人については、役割で呼ばなければならない。「お父さん」、「お母さん」、「お兄さん」、「お姉さん」、「叔父さん」、「叔母さん」というようにである。

ところが、家族内序列が目下の人に対しては、役割ではなく、固有名詞で呼ぶことになっている。「おい、弟」、「おい、妹」と呼ぶことも、「おい、甥」、「おい、姪」と呼ぶこともせず、「太郎」、「花子」あるいは「二郎ちゃん」、「和子ちゃん」などと固有名詞で呼ぶ。

家族内序列の目上の人が複数存在して区別ができない場合でも、固有名詞で目上の人を呼ばないのが原則である。そこで「横浜の叔父さん」、「大阪の叔母さん」などと地名を付して間接的に表現して区別する。

日本の企業は擬似共同体である。つまり、企業も家族だと考えられている。したがって、企業でも組織内序列が目上の人に対しては、役割で呼ばなければならない。「社長」、「部長」、「課長」というようにである。海外で「社長」を「プレジデント」と呼ぶ光景に出会うことはない。もちろん、組織内序列が目下の人に対しては、「山田」とか「鈴木君」というように固有名詞で呼ぶ。家族だからである。

日本の企業が擬似共同体だということは、「日本的経営」として表現されてきた。企業は家族のように組織され、企業は従業員の雇用を保障し、従業員の生活を保障する。それが「日本的経営」の「三種の神器」として制度化されてきたのである。

「日本的経営」の「三種の神器」とは終身雇用、年功序列賃金、企業別組合である。家族の一員として正規従業員になれば、雇用は終身保障され、生活給としての年功序列賃金が適応される。

すなわち、年功序列賃金では、結婚する頃には、結婚が可能となるように、子どもが生まれる頃には、育児が可能となるように、年齢や勤続年数に応じて賃金が支給される。こうした企業の雇用保障機能、生活保障機能と結びついて、日本では企業別に組合が組織される。

「日本的経営」は福祉国家が担った雇用保障機能や生活保障機能を、企業が吸収したものということができる。「日本的経営」は一九二〇年代に日本が重化学工業化していく過程で、熟練工を確保する意図のもとに形成されている。それが第二次大戦後の重化学工業化が急速に進む過程で、従業員を確保する手段として定着していく。

このように「大きな企業」が雇用保障機能や生活保障機能を担えば、政府は「大きな政府」ではなく、「小さな政府」でよい。生活給による日本の年功序列賃金には、扶養家族手当のような本来であれば、政府が社会保障として提供する現金給付まで含まれる。

しかも、企業でも本来は政府が実施すべき社会福祉を、企業福祉として実施する。第二次大戦後の高度成長期には、企業福祉のための法定外福利費が、企業の社会保障負担である法定福利費を上回っていたのである。

家族・共同体が担っていた生活保障機能

企業が擬似共同体として機能していたばかりではない。家族という共同体そのものの機能が「大きい」ということが、「小さな政府」を可能にした。そもそも日本では、家族経営である農民や中小自営業者という旧中間層が大量に存在していた。

もちろん、家族では共同体として生活保障機能がある。それは家族内では無償労働によって生活活動が営まれているからである。

第二次大戦前の日本のような軽工業の時代には、女性が一生の一時期において労働市場に家計補充的に進出していた。それは製糸業を想起しても、綿織物業を想起しても、「女工」と表現された女性労働者が工場で働いたことから容易に理解できるはずである。

ところが、重化学工業では同質の筋肉労働を大量に必要とするため、男性が主として大量に労働市場に進出していく。そうなると家族機能は縮小し、家族内の無償労働が主として女性に担われていく。そうした家族形態が重化学工業になると形成されていく。

もっとも、家族機能の大きな農民や中小自営業者という旧中間層の家族が大量に存在すれば、家族と家族との協力関係で形成されるコミュニティという共同体の機能も大きくなる。コミュニティの機能が大きければ、家族内部で困難になった生活保障は、コミュニティの相互扶助によって保障されることになる。

もちろん、このように家族やコミュニティの機能が大きいのであれば、「小さな政府」で生活保障が事足りる。もっとも、高度成長期における日本の政府は、「小さな政府」ではあれ、公共事業という点では国際的にウェイトの高い土木事業国家であった。公共事業は農民や中小自営業者という旧中間層の生活を保障する所得再分配政策だったということもできる。

第1章でみたように、共同体の経済は「分かち合い」の経済である。共同体の経済は相互扶助と共同作業という無償労働で営まれていく。もちろん、企業が擬似共同体となるということは、企業も「分かち合い」の経済を取り込んでいたことを意味する。それは本来、利害関係にもとづいて人為的に形成された社会、すなわちゲゼルシャフト(Gesellschaft)である企業が、人間関係で結びついた伝統的な共同体、すなわちゲマインシャフト(Gemeinschaft)化していたということができる。

「日本型福祉国家」の内実

日本では「大きな共同体」が存在していたが故に、福祉国家の時代であっても「小さな政府」が可能であった。ところが、重化学工業化が行き詰まり、福祉国家の時代が終わりを告げるようになると、「小さな政府」という日本型の「変形福祉国家」も機能不全に陥る。

「日本的経営」という企業による雇用保障機能と生活保障機能を支えたのは、重化学工業化にともなう経済成長である。重化学工業化が行き詰まり、経済成長が停滞すれば「日本的経営」も破綻していくことになる。

福祉国家の時代に実現した重化学工業化による経済成長は、豊かな税収をもたらし、所得再分配国家としての「大きな政府」を可能にした。したがって、重化学工業化の行き詰まりによる経済成長の停滞は税収の停滞に跳ね返り、「大きな政府」を支えることを不可能にする。新自由主義の主張は、停滞する税収に合わせて「小さな政府」を実現することにあったといってよい。

日本では経済成長の停滞は「大きな政府」ではなく、「日本的経営」の行き詰まりとなって現象する。「日本的経営」が行き詰まれば、ただちに「大きな政府」を要求することになる。そこで日本は一九七三年を「福祉元年」として、これまでの「小さな政府」を改めて「大きな政府」つまり高福祉・高負担を実現することを目指していく。

すなわち、一九七三年の「福祉元年」体制は「日本的経営」の行き詰まりを打開することを目指して、「福祉国家」を追求したといってよい。日本的経営という擬似共同体や家族共同体を前提にした「小さな政府」を、「大きな政府」に改めようとしたのである。

このように「福祉元年」体制は、「企業が従業員の福利厚生を重視すること」、「隣近所での助け合い」を前提にした日本型「小さな」福祉国家の限界を打開し、「社会保障が家族を支える国家」を創り出すことを目指したものといってよい。

しかし、それは一瞬の夢物語であった。新自由主義による「小さな政府」を主張する砲撃が、黒船のように押し寄せ、「大きな政府」を目指した高福祉・高負担路線は脆くも打ち砕かれる。

そのため一九八一年に行財政改革を推進するために発足した第二次臨時行政調査会は、増税なき財政再建路線を提唱することになった。同会は一九八二年に、「活力ある福祉社会の建設」を掲げた「日本型福祉社会論」を打ち出す。この「日本型福祉社会論」は、「家族や近隣、職場等において連帯と相互扶助が十分に行われるよう、必要な条件整備を行うこと」を訴え、「社会保障が家族を支える国家」から「家族が社会保障を支える国家」へと転換していくことを唱えたのである。

しかし、そもそも「福祉元年」体制は「家族や近隣、職場等において連帯と相互扶助」が衰えたが故に「大きな政府」を目指していたはずである。つまり、「小さな政府」を可能にした古き良き時代のように、家族やコミュニティが機能し、企業福祉が機能する条件は欠如していたのである。

にもかかわらず「小さな政府」の条件が欠如したまま、「小さな政府」を強行した悲劇が、新自由主義の演出した貧困と格差の悲劇として演じられる。日本では一九八二年に中曽根政権が成立して以来、新自由主義的政策が強行されてしまうのである。

日本は平等社会だったのか

日本では一九九〇年代後半頃から「格差社会」であることの指摘が強まり、これまで平等だった社会に突如「格差社会」が現出したかの如きに理解される嫌いがある。しかし、新自由主義の傭兵たちが「日本は悪平等だといえるほどの平等社会だ」と宣伝していた一九九〇年代中頃でみても、日本はヨーロッパに比較して平等だったわけではない。

表3-1 1995年のジニ係数

	財政介入前	財政介入後	変化率(%)
アメリカ	0.455	0.344	−24.5
ドイツ	0.436	0.282	−35.3
日本	0.340	0.265	−22.0
フランス	0.392	0.231	−41.0
スウェーデン	0.487	0.230	−52.9

出所：Steinmo, Sven: *Globalization and Taxation: Challenges to the Swedish Welfare State*, Comparative Political Studies, Vol. 35, No. 7, 2002

表3-1は、政治経済学の世界的旗手スタインモ(Sven Steinmo)が作成した一九九五年におけるジニ係数を示したものである。この表には財政が所得再分配する前のジニ係数と、財政が所得再分配した後のジニ係数が表示されている。

ジニ係数は格差や不平等を計測する際に使われる数値で、値が大きいほど、不平等であることを表している。財政が所得再分配をする前のジニ係数が、最も高いのはスウェーデンである。つまり、市場で分配される所得が最も不平等なのはスウェーデンだということになる。次いでアメリカが続いている。

財政が介入する前のジニ係数が最も小さいのは日本である。つまり、市場による所得分配が最も平等なのは、日本なのである。

市場が分配した所得に、租税を課税し、社会保障の現金給付を支出して、財政が所得再分配を行う。財政が所得再分配した後の所得分配をみると、最もジニ係数の高いアメリカが最も不平等なのである。これに対して、最も平等な国家はスウェーデンである。

日本はとみれば、財政の介入前では最も小さかったジニ係数が、財政の介入後ではスウェーデン、フランスに抜かれ、中程度の位置にまで落ちてしまう。つまり、財政による所得再分配後の所得分配では、悪平等だといわれた一九九〇年代中頃であっても、アメリカよりも平等なものの、ヨーロッパに比較すれば、平等だとはいえなかったのである。

この表3－1で注目すべき点は、財政の介入前と財政の介入後のジニ係数の変化率である。変化率の最も大きい国つまり財政の所得再分配の最も大きい国は、スウェーデンである。財政の介入前のジニ係数が最大で、財政の介入後のジニ係数が最小であることを考えれば、当然である。次いで変化率が大きい国は、フランスである。フランスは社会保障制度が充実しているからである。

ところが、変化率の最も小さい国は、日本である。日本の変化率はアメリカよりも小さく、日本の財政の所得再分配機能は、アメリカよりも小さいのである。

日本の財政の所得再分配機能が小さいのは、福祉国家として「小さな政府」だったことの履歴効果だといってよい。この所得再分配機能の脆弱な「小さな政府」を、新自由主義者たちは「もっと小さく」と叫び、「小さすぎる政府」にしてしまったのである。

しかも、これは一九九〇年代中頃の数値である。日本の所得分配がアメリカよりも平等だったのは、財政が介入する前の市場による所得分配が平等だったからである。

ところが、「悪平等、悪平等」という大合唱のもとに、労働市場への規制緩和が一挙に進む。その結果、先進諸国では最も平等であった財政介入前の所得分配、つまり市場による所得分配が一挙に不平等化する。

市場による所得分配が不平等化し、これに先進国で最も小さな財政による所得再分配が組み合わされると、あまりにも悲惨な悲劇が開演される。この悲劇が一九九〇年代の「格差社会」の指摘となって、世を賑わすことになる。

現金給付型からサービス提供型の社会保障へ

福祉国家とは所得再分配国家である。つまり、福祉国家とは市場の外側で政府が所得を再分配して、国民の生活を保障する国家といってよい。

それは福祉国家が基盤としていた重化学工業を基軸とする産業構造のもとでは、主として男性が労働市場に働きにいき、女性が家族内において無償労働に従事するという家族像を想定できたからである。つまり、男性が稼いでくると想定されている賃金所得を、政府が保障すれば、育児にしろ、養老にしろ、家族内で主として女性が無償労働で賄い、家族の生活が維持されていくと想定できたのである。

そこで福祉国家のもとでは、政府が市場の外側で賃金を正当な理由で喪失した時に、賃金の代替としての現金を給付さえすれば、国民の生活を保障することが可能となった。つまり、失業して賃金を喪失すれば失業保険で、疾病で賃金を喪失すれば疾病保険で、高齢で賃金を喪失すれば年金で、さらに最低生活を保障する賃金が稼得できなければ、生活保護を給付するという具合に現金を給付することで、国民の生活の保障が実現できたのである。

こうした福祉国家としての財政の所得再分配機能が、日本において小さいことは既にみたとおりである。しかし、財政は租税と現金給付を組み合わせて、所得再分配機能によって国民生活を保障するだけではなく、医療サービス、教育サービス、さらに育児や養老という福祉サービスを提供することによっても、国民生活を支えることができる。

むしろ重化学工業を基軸とする工業社会から知識社会へとシフトすると、現金給付による所得再分配では国民の生活保障に限界が生じる。というのも、現金給付による生活保障は、女性を想定した無償労働に従事する者が、家族内に存在していて、家族内で福祉サービスなどの対人社会サービスが生産されることを前提としているからである。

ところが、知識社会にシフトすると、家族内で無償労働に従事していた女性も、労働市場に参加するようになる。なぜなら、知識社会において基軸となる産業は、知識産業やサービス産業というソフト産業系だからである。重化学工業の時代のように、同質の筋肉労働が大量に必要とされることはなく、女性労働も大量に必要になる。そうなると、これまで女性が担っていた家族内の無償労働による対人社会サービスの生産が困難となり、政府が福祉サービスなどの対人社会サービスを提供せざるをえなくなる。

新自由主義は時代錯誤にも、家族機能が縮小していく時代の転換期に、現金給付を削減して「小さな政府」にし、その代替を家族機能に期待している。しかし、歴史の流れは家族機能に代替する現物給付、つまり対人社会サービスを提供することを求めているということができる。

新自由主義は対人社会サービスを提供するどころか、これまでの現金給付の削減を求める。しかし、知識社会への歴史の転換期には対人社会サービスを提供しないと、貧困と格差が溢れて出てしまうのである。

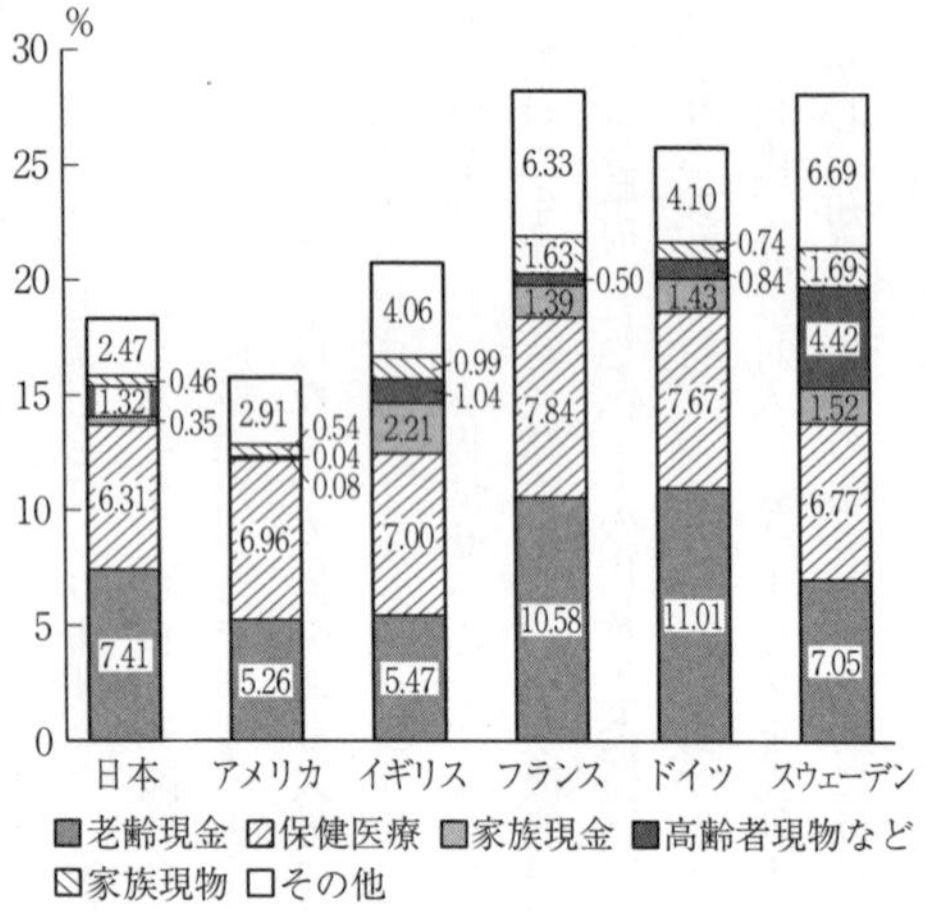

出所：OECD, Social Expenditure Database 3rd Edition
をもとに東京大学大学院水上啓吾氏が作成

図 3-1　政策分野別社会支出の対 GDP 比の国際比較(2005 年)

日本の社会保障をどうみるか

日本の社会保障あるいは社会福祉の特色を、国際比較という視点からみると、図３-１のようになる。この図で日本とイギリス、フランス、ドイツ、スウェーデンというヨーロッパ諸国と比較すると、その特色は歴然としている。

第一に、ヨーロッパ諸国と比較して、そもそも日本の社会支出は著しく小さく、アメリカとともに「小さな政府」ということができる。第二に、日本は年金である「老齢現金」と、疾病保険である「保健医療」が二本立てになっていて、それ以外の項目がわずかである。ところが、ヨーロッパ諸国では年金と疾病保険、およびそれ以外が三本柱となっている。年金と疾病保険以外の中身をみると、第一に「家族現金」がある。家族現金は児童の衣料費や食料費として支給される児童手当だと考えてよい。日本の家族現金をスウェーデンのそれと比較すると、一桁小さいことがわかる。

第二は「高齢者現物」である。高齢者現物は介護サービスを含む、高齢者に対するサービス給付である。この高齢者現物をスウェーデンと比較してみると、日本はこれも著しく小さい。

第三に「家族現物」である。家族現物は育児サービス、つまり保育サービスの提供である。これもスウェーデンと比較すると、日本はやはり一桁も小さいことがわかる。

こうしてみてくれれば、日本の社会保障あるいは社会福祉の国際比較という視点からみた特色は明確である。それは小さすぎて、しかも年金や疾病保険という社会保障に特化していることである。これをメダルの裏側から表現すれば、育児サービスや養老サービスなどの現物給付が立ち遅れていることになる。これに現金給付でも、児童手当などの水準が低いことを付け加えておかなければならない。

ヨーロッパ諸国では子どもたちや高齢者の扶養は、社会全体の責任だと理解されているといってよい。それ故に子どもたちにしろ高齢者にしろ、現金給付と現物給付とセットで扶養しようとしている。つまり、子どもたちであれば、児童手当と育児サービスで、高齢者であれば年金と養老サービスのセットで社会的に扶養しようとしているのである。

日本との比較でいえば、現物給付が充分に支給されている。育児サービスや養老サービスという現物給付は、家族の内部で無償労働で担われていたものである。つまり、こうした現物給付は、無償労働代替給付ということができる。

ところが、日本では「家族が支える社会保障」を掲げ、無償労働代替の現物給付はむしろ抑制されてしまう。育児や養老は家族の責任であり、育児や養老が家族で困難な場合に限定して、政府が救済するという選別主義が根強い。つまり、普遍主義にもとづくユニバーサル・サービスとして、育児サービスや養老サービスが提供されないのである。

もっとも、二〇〇九年八月に政権交代が実現し、民主党を中心とする政権が誕生した。民主党政権は、子ども一人当たり月二万六〇〇〇円を支給する「子ども手当」を新たに設け、子育てを社会の共同責任として位置づけようとしている。しかし、この政策も現金給付である。現金給付だけで、育児サービスの充実が保障されなければ、新しい社会への移行に対応することは困難である。

二極化する労働市場——改善されない女性の労働・生活

無償労働代替の現物給付が提供されないと、工業社会から知識社会へとシフトしていく転換期には、労働市場が二極化してしまう。というのも、既に指摘したように、知識社会にシフトすれば、女性を主とする無償労働に従事していた者も、労働市場に進出するようになるからである。

こうした状況のもとで、無償労働代替の現物給付が提供されないと、二つのタイプの労働市場への参加形態が生じる。一つは無償労働に従事しつつ、労働市場へ参加するタイプである。もちろん、主として女性がこのタイプになる。もう一つは無償労働から解放されていて、労働市場に参加するタイプである。

こうした二つのタイプの労働市場への参加形態が形成されると、労働市場がパートの労働市場と、フルタイムの労働市場に分断される。つまり、労働市場が二極化してしまうのである。

しかも、二極化した労働市場によって決定される賃金の格差が、余りにも大きすぎる。これは二〇〇六年のOECDの対日審査報告書がつとに指摘したとおりである。

労働市場が二極化すると、上下に分断された「砂時計型社会」が形成されてしまう。つまり、日本は砂時計のように中間が薄く、両極に分かれた社会を形成してしまったのである。

もちろん、「砂時計型社会」では貧困が溢れ出る。OECDが指摘するように、日本の相対的貧困率は、先進諸国で最悪のアメリカに肉薄している。二〇〇〇年でアメリカの相対的貧困率は一七・一%であるのに対して、日本は一九八〇年代中頃の一一・九%から、二〇〇〇年には一五・三%にも跳ね上がっているからである。

このように工業社会から知識社会への転換期に、育児サービスや養老サービスという対人社会サービスが提供されていないと、労働市場が二極化してしまう。それは家族内で無償労働に従事している主として女性に、労働市場に参加する条件を保障していないからである。

つまり、家族内で育児や養老などという無償労働に大きく足を引っ張られたまま、労働市場に参加せざるをえない者と、家族内での無償労働から解放されて労働市場に参加する者とに分断されてしまう。もちろん、前者は主として女性であり、後者は主として男性ということになる。

労働市場がフルタイムの労働市場とパートの労働市場に分断され、二極化してしまうと、その構図は拡大再生産されることになる。すなわち不況の時に、新たに労働市場に参加する者も、パートの労働市場で受け入れることになってしまうのである。したがって、現在の日本でパートの労働市場で苦しんでいるのは、主に女性と若者である。もちろん、フルタイムの労働市場とパートの労働市場は、正規と非正規と言い換えてもよい。

育児サービスや養老サービスという福祉にかかわる対人社会サービスを提供するということは、無償労働に拘束されずに労働市場に参加することを保障する条件となる。このようにすべての社会の構成員に労働市場へ参加する条件を保障することが、知識社会へ移行する条件となる。逆にこうした条件を欠けば、社会は混乱し、格差と貧困が噴出することになってしまう。

貧困な教育サービス

労働市場に参加する条件は、無償労働から解放することだけではない。無償労働から解放する条件を消極的条件だとすれば、新しい産業が要求する能力を修得する積極的条件を整備する必要がある。再訓練や再教育によって旧来型産業に従事していた労働者を、新しい産業に適応する能力を身につけさせる条件を整えなければならない。

もちろん、再訓練や再教育にとどまらず、教育サービスそのものを充実させる必要がある。知識社会では自然に働きかける主体である人間そのものの人間的能力を高めなければならないからである。

知識社会では、すべての社会の構成員に掛け替えのない能力があり、それを「誰でも、いつ

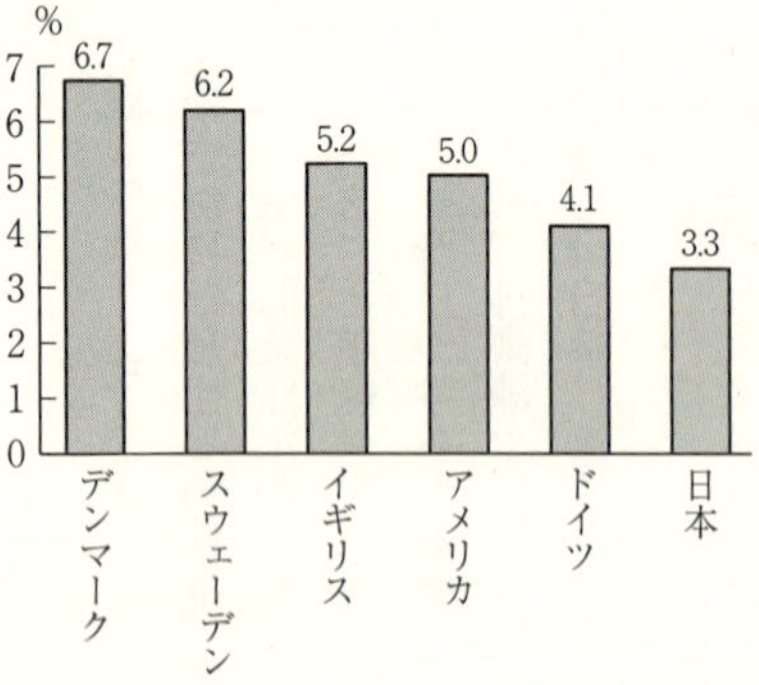

出所：OECD, Education at a Glance 2009

図 3-2　教育機関への公的支出の対 GDP 比（2006 年）

でも、どこでも、ただで」の原則のもとに引き出すことが保障されないと格差が拡大してしまう。逆に教育サービスこそが、知識社会では格差を是正するとさえ考えられている。

知識社会を目指すスウェーデン政府は人間的能力を高める教育こそが、経済成長と雇用確保と社会的正義を同時に達成できると主張している。そのため、二〇〇六年におけるスウェーデンの公教育に対する支出は、国民所得比で六・二％に達している。しかし、日本のそれは三・三％にすぎない（図3－2）。OECD二七カ国の中で、トルコの二・七％に次いで下から二番目の低さである。

日本の教育サービスが低水準であることは、知識社会への移行期に貧困と格差を溢れ出させるだけでなく、貧困と格差を固定化してしまうことにもなる。

格差・貧困を克服できない現状

既にみたように、日本では対人社会サービスのウェイトが小さい。対人社会サービスの提供は地方政府の使命であるが、地方分権が進んでいないからである。そのため育児サービスや養老という福祉サービスがほとんど社会的に提供されていないといってもいいすぎではない。

しかも、教育や医療といった対人社会サービスも、ヨーロッパ諸国に比較して、著しく立ち遅れている。それは新しい知識社会を形成するための前提条件が形成されていないことをも意味している。

育児や養老などの福祉サービス、さらには医療サービスや障害者政策も知識社会への移行にともなう労働市場への参加を保障する消極的条件となっている。再訓練や再教育、あるいは教育そのものが、知識社会に参加する積極的条件となっている。こうした知識社会への参加条件が保障されないために、日本では知識産業への投資が進まず、バブルを繰り返しながら、格差と貧困に苦悩しているということができる。

第4章　「分かち合い」という発想
――新しい社会をどう構想するか

新しい社会のヴィジョンを描くために

社会心理学では「予言の自己成就」という言葉が語られる。未来がこうなるという確信が強ければ強いほど、そうなる確率は強まるという格言である。そうだとすれば、現在の「危機の時代」という歴史の「峠」に生きる人間の使命は、次の社会のヴィジョンを明確に描くことである。しかも、人間の歴史とは、人間がより人間的になっていく歴史である以上、次の社会のヴィジョンも、より人間的な社会を目指すようなものでなくてはならない。

過去の成功や失敗に学びながら、目指すべき未来のヴィジョンを構想する時に、「分かち合い」の思想が重要となる。それは、既に紹介した私の大好きなスウェーデン語、つまり「社会サービス」を意味する「オムソーリ」の本来的意味である「悲しみの分かち合い」に学ぶことである。

人間は悲しみや優しさを「分かち合い」ながら生きてきた動物である。つまり、人間は「分かち合う動物」である。人間に対するこの見方は、アリストテレス (Aristotelēs) の「人間は共同体的動物 (zōon politikon) である」という至言にも通じている。人間は孤独で生きることはできず、共同体を形成してこそ生存が可能となる。「分かち合い」によって、他者の生も可能となり、自己の生も可能となるのである。

「社会サービス」をオムソーリだと理解すると、社会の構成員は自己の「社会サービス」のために租税を負担するのではなく、社会全体のために租税を支払うということになる。しかも、「分かち合い」は他者の生を可能にすることが、自己の生の喜びでもあることを教えている。人間の生きがいは他者にとって自己の存在が必要不可欠だと実感できた時である。「悲しみの分かち合い」は、他者にとって自己が必要だという生きがいを付与することになる。

「ほどよいバランス」という意味をもつ「ラーゴム」も、「オムソーリ」つまり「分かち合い」とは根底で結びついている。極端に豊かになることも、極端に貧しくなることも嫌うというラーゴムは、社会の構成員が人間らしい生活を営めるように、「分かち合う」ということを意味するからである。

知識の「分かち合い」

ポスト工業社会つまり知識社会になると、「分かち合い」の原理が決定的意義をもつ。工業社会では「蓄えること」が目指すべき徳とされたが、それは工業生産物が腐敗しないことに根拠がある。農業生産物は穀物を除くと、一瞬のうちに腐敗してしまう。そのため農産物は市場機構では処理しにくい。

知識は個々人が単に「蓄える」ことに意味がない。知識は惜しみなく与え合うことで、知識の知識による生産が可能になる。例えば学界では、知識を蓄えるだけで他者に与えることがなければ、尊敬されることはない。

知識に所有者を設定して、市場で取引しても、知識による知識産業は効率化しない。真理を探究する知識人にとって、真理を探究することそれ自体が喜びであり、インセンティブとなる。知識は他者と共有し合うオープンな集合財と考えるほうがよい。知識へ支払われる報酬を目的として、他者を蹴落とすような競争が繰り広げられるような社会では、知識産業は活性化していくことはない。

知識を売り歩くのは知識人ではなく、知的技術者である。知的技術者は知識を分かち合い、知識を創造することなど望むべくもない。知識社会における知識の革新は、金銭的報酬という願望ではなく、知識を分かち合い、学び合う衝動によってもたらされる。

生産と生活の分離

生命を維持する活動である生活の「場」では、「分かち合い」の原理つまり協力原理にもとづかなければ成り立たない。そのため生命を維持する生活活動は、家族やコミュニティに抱かれて営まれる。つまり、「分かち合い」の原理にもとづく相互扶助や共同作業で営まれる。

したがって、市場社会で生産活動が競争原理にもとづく市場経済で営まれるといっても、生活活動は家族やコミュニティという協力原理にもとづく「分かち合い」の経済で営まれている。農業を基盤とした市場経済以前の社会では、生産活動も共同体の協力原理にもとづいて営まれていた。生きている自然に働きかける農業は、自然のリズムに合致する共同体の原理で営まれる必要があるからである。

ところが、農業の副業から誕生する工業が分離して自立的に営まれるようになると、生産活動が競争原理にもとづく市場経済に包摂されるようになる。工業は農家の副業としての家内工業から生まれてくる。それが都市に立地されるようになると、要素市場において土地、労働、資本という生産要素の生み出す要素サービスを取引することで、工業が自立してくる。

農業が生きている自然を原材料とするのに対して、工業では死んだ自然を原材料とする。綿工業であれば、農業が生産した綿花という死んだ自然を原材料として綿糸を生産する。しかも、工業では農業のように生命を育む大地という自然に働きかけるのではなく、人間が製造した機械に働きかけ、機械のリズムに合わせて生産活動が営まれる。

このように、人間を創造主とする対象に働きかける工業では、人為的行動として生産活動を完結できる。そのため工業では生産と生活を分離することが可能となり、競争原理にもとづく生産活動と協力原理にもとづく生活活動が分離していくことになる。

間違った大学改革のゆくえ

知識産業やサービス産業では、人間が働きかける対象は人間となる。しかも、知識やサービスの生産は、人間と人間との協力関係が決定的要素となる。知識に所有権を設定し、競争を煽りたてても、知識の生産には逆効果となるばかりである。

工業生産では機能別に分別し、それをピラミッド型に編成した組織が、効率的であったかもしれない。しかし、知識の生産には真理を追究する頭脳集団が研究分野別に組織され、それが相互に連携する大学の組織のほうが有効である。人間は長い年月を経て、真理を追究するために有効な組織として大学を創り出したのである。

しかし、日本では愚かにも、これからの組織が目標としなければならない大学の組織を解体し、時代遅れの工業社会の組織である「株式会社組織」にしてしまった。これが国立大学の法人化である。

知識社会で基軸的な役割を果す大学が存在しなくなってしまった日本では、大学を大学として再創造することなしには、未来を築くことはできない。一九八〇年代頃から始まる新自由主義にもとづく大学改革は、皮肉なことに、新自由主義が真理を最も恐れていたことを物語っている。真理を探究する大学を維持すれば、新自由主義の主張が真理に背反する歴史的反動であることが明らかになるからである。

しかし、この大学改革は新自由主義のアキレス腱となる。新自由主義の大学改革は大学を真理探究の場から、命じられた目標を疑うことなく遂行する知的技術者を養成する場としてしまった。それによって、あらゆることを疑い、既存の価値に異議を申し立てる真理の追究が困難となった。その結果、新しい知識を創造していくことが必要とされる知識社会への転換を、不可能にしてしまったのである。

人間は「学びの人」である。大学はあらゆる権力から自由となり、「学びの人」である人間が、教える者と教えられる者との共同作業で、真理を探究する研究と教育を実施する場である。「学びの人」である人間が生きるということは、「仲間」と学び合いながら、自己変革を遂げていく過程である。知識社会では、そうした人間の営為が花開く。知識社会では人間が相互に自己変革を遂げ、社会を不断に変革して、人間の人間としての歴史を発展させていく。

ところが、知識を「分かち合い」ながら、自己変革を遂げ、真理を探究していくことを否定した日本では、知識社会の推進力を喪失している。目標を疑うことなく、従順に従い、目標を目指して競争する人間を創り出すことしかできないからである。しかし、知識社会では目標を疑い、「既知」に異議を申し立て、「未知」を創り出す「学びの人」が求められているのである。

競争原理ではなく協力原理

「競争力、競争力」と、その必要性を連呼しながら、逆に日本は国際的な競争力を急速に劣化させている。それは古びた工業社会のルールに、呪縛されているからである。ルールが変わったという事実に気がつかなければ、「分かち合い」から生まれるチームワークが必要な時期に、それを否定する行動に血道を上げることになる。

「分かち合い」の原理は、競争原理の反対概念である。競争原理は、他者の成功が自己の失敗となり、他者の失敗が自己の成功となる組織を求める。それに対して、「分かち合い」の原理は他者の成功が自己の成功となり、他者の失敗が自己の失敗となる協力原理にもとづく組織を要求する。

このように「分かち合い」の社会とは、競争原理ではなく、協力原理にもとづく社会だということができる。こうした「分かち合い」の原理は、三つの要素から構成されている。

第一は、存在の必要性の相互確認である。これについては、既に第1章でも触れたとおりである。つまり、どのような人間も社会にとって掛け替えのない存在であり、どのような人間でも相互にその存在を必要としているということを確認することである。社会のすべての構成員が、すべての社会の構成員を必要不可欠な存在だということを相互に確認することである。

自分が社会の構成員にとって必要不可欠な存在だということを確認するには、悲しみや苦しみを「分かち合う」ことである。悲しみや苦しみに暮れる人と、悲しみや苦しみを「分かち合う」ことをすれば、悲しみや苦しみに暮れる人にとって、自分が必要不可欠な存在であることを実感できる。

「分かち合い」の第一の原則が、必要性の相互確認の原則だとすれば、第二の原則は共同責任の原則である。つまり、すべての社会の構成員が共同して責任を負うということである。

社会の共同責任を負うということは、社会の構成員がそれぞれの掛け替えのない能力に応じて協力するということを意味する。プラグマティズムを代表する哲学者デューイ(John Dewey)の思想にもとづけば、義務教育で義務を負っているのは社会全体である。

日本では初代文部大臣の森有礼が、義務教育(compulsory education)を「脅迫教育」と翻訳した。つまり、臣民を「脅迫」せしめて、教育を受けさせることこそ、義務教育だと考えた。そのため現在でも、義務教育で義務を負うのは、教育を受ける子どもであり、その親であると理解されている。

しかし、デューイの思想にもとづけば、義務教育で義務を負うのは社会全体であり、教育は社会の構成員の共同責任となる。教育も子どもを育てることも、社会の構成員の共同責任であるが故に、それを「分かち合う」ことになる。

つまり、「分かち合う」とは社会の構成員が共同責任を負うべき対象であるが故に、社会の構成員が協力して実施する共同作業となる。もちろん、教育をとっても子育てをとっても、それぞれの個人でニーズは相違する。しかし、そうしたニーズの充足がすべての社会の構成員の共同責任であるが故に、すべての社会の構成員が、ニーズの充足を協力して「分かち合う」ことになる。

第三の要素は、平等の原則である。すべての社会の構成員が、平等な権利と責任を負うことが、「分かち合い」の前提条件となることは明らかである。

もちろん、平等とは公正であることを意味しているので、人間にはそれぞれ掛け替えのない価値があるとすれば、相違する取り扱いが必要となる。しかし、そうした公正の背後には、同質で共通な権利・責任が存在するという前提がある。「分かち合い」とは、そうした共通なるものの認識を前提にしている。

家族内での「分かち合い」

もちろん、こうした「分かち合い」の組織の原基形態は家族である。家族の内部では競争原理は働かない。家族の内部では構成員の誰かが成功すれば、自分も成功し、家族の構成員の誰かが失敗すれば、自分も失敗することになる。つまり、家族は協力原理にもとづく組織なのである。

人間は市場社会の中でも最後の共同体ともいうべき家族に抱かれて生活している。家族の内部には市場経済は侵入しない。所得を稼得できない者でも、生存を維持するための財・サービスが提供される。このように市場経済が侵入しない家族は、「分かち合い」の経済となる。つまり、家族内では財・サービスが必要に応じて分配されることになる。

家族の構成員の誰かが病を患えば、その悲しみは家族内で「分かち合う」ことになる。つまり、「オムソーリ」が存在する。

家族の内部では、すべての家族の構成員が必要だということが、相互確認されている。しかも、家族は家族の営みに共同責任を負うことになる。もちろん、家族内では構成員は平等である。仮に自己の意志を表明できない幼児であっても、幼児の立場に立って幼児への財・サービスが提供される。

家族の内部では、家族が自分を必要としていることを実感できる。家族の内部では、いかに障害があろうとも、家族はその存在を必要とする。しかも、家族の構成員は誰でも、家族のために貢献したいと願っている。たとえ障害があろうとも家族の一員としての役割を果したいという欲求をもっている。

コミュニティでの「分かち合い」

家族という共同体での「分かち合い」に限界があれば、地域社会つまりコミュニティという共同体での「分かち合い」が組織化されなければならない。島根県雲南市大東町の海潮《うしお》地区では家族の「分かち合い」として担ってきた子どもたちの育児を、海潮地区というコミュニティでの「分かち合い」で担っている。

海潮地区には二一人の園児の通う公立の幼稚園が存在する。しかし、農作業などを考慮すれば、さらに時間を延長して育児サービスが提供される必要があった。そこで海潮地区ではコミュニティで無認可の保育園を設置して、運営することにした。つまり、家族の「分かち合い」で営む育児の限界を、コミュニティの相互扶助という「分かち合い」で克服しようとしたのである。

そこで海潮地区では、コミュニティで「うしおっ子ランド」という無認可の保育園を運営することにした。海潮地区には海潮地区のすべての世帯とすべての住民組織が加入する「海潮地区振興会」というコミュニティ組織が存在する。

もちろん、海潮地区にも自治会が存在する。この自治会は驚くべきことに、月額で二〇〇〇円から四八〇〇円にいたる自治会費を徴収している。つまり、租税負担よりも高いほどの自治会費で、コミュニティの相互扶助や共同事業を実施している。

こうした自治会だけではなく、海潮地区振興会には、ＰＴＡ協議会、消防団、商工会、農業協同組合から、カラオケ同好会にいたるまで、図４－１にあるように、すべての住民組織が組織化されている。このように海潮地区のすべての住民組織とすべての世帯の加入を基本とする海潮地区振興会の運営は、一世帯当たり年額で七〇〇〇円の会費で賄われている。

無認可保育園「うしおっ子ランド」は、こうした海潮地区振興会によって運営されている。

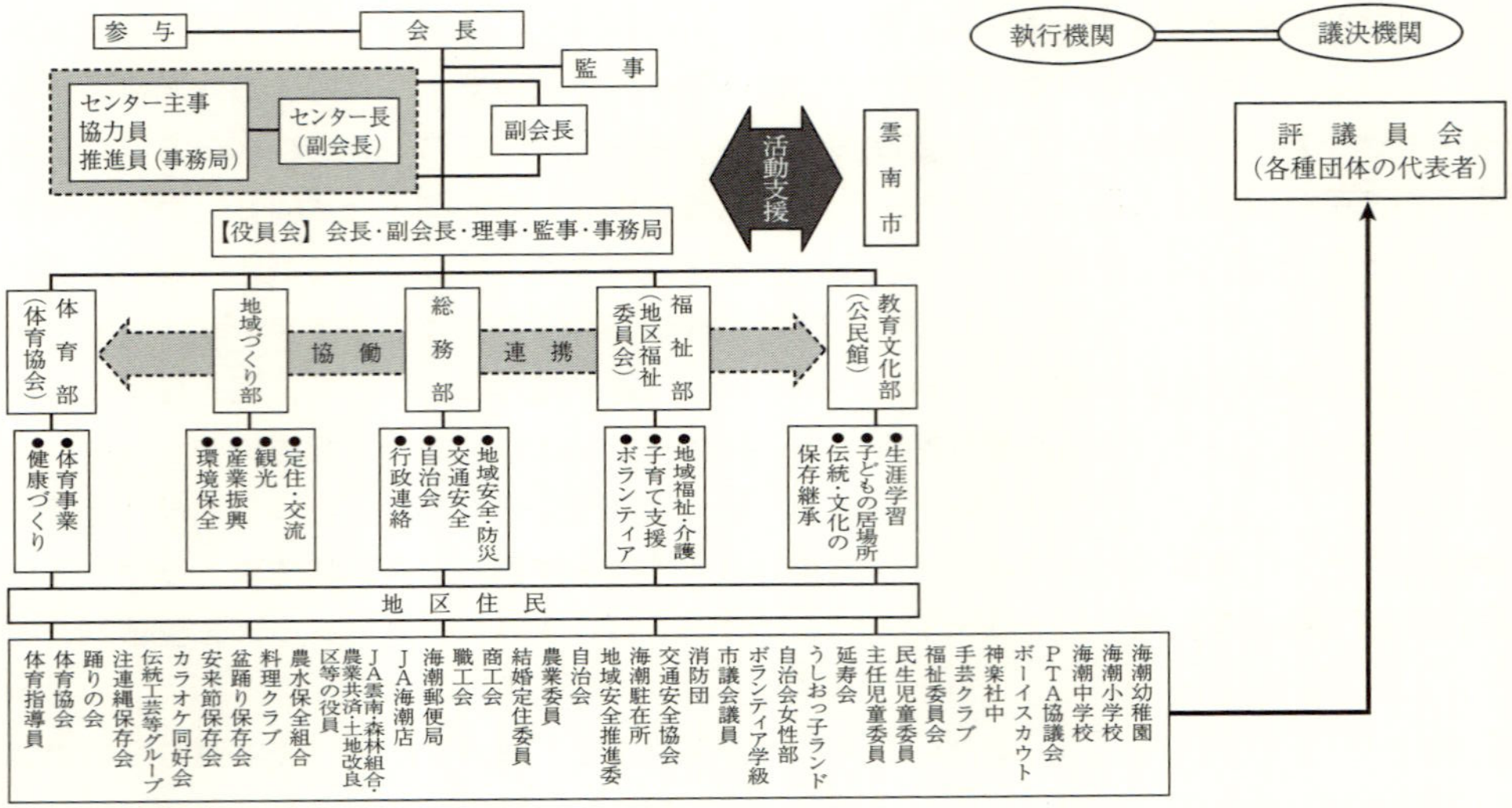

出所：海潮地区振興会資料

図 4-1　海潮地区振興会(交流センター)組織図

海潮地区振興会は保育士を雇用するとともに、清掃、草取りなどをコミュニティのボランティアが支えて運営している。これに加えて保育園の利用者が支払う月額一万円程度の利用料で運営されている。

もちろん、海潮地区振興会は育児以外にも、コミュニティの担う相互扶助や共同作業を運営している。そうした運営のために、図４－１のような組織を組成している。会長のもとに役員会が設置され、そのもとに総務部、教育文化部、福祉部、地域づくり部、体育部という機能組織が設けられている。

しかも、こうした執行機関だけではなく、海潮地区振興会に結集している住民組織ごとに選出される評議員会という議決機関も存在する。こうなるともはや、海潮地区振興会は地方政府である。この海潮地区振興会の事例をみてもわかるように、地方政府は生活の「場」におけるコミュニティ組織を基盤にして形成されるのである。

ヨーロッパをみても、教会などをシンボルとしたコミュニティ組織を基盤にして地方政府が形成される。海潮地区振興会は地方政府の形成過程を見事に表現している。海潮地区振興会が政府ではないのは、あくまでも自主的組織で、強制力が存在しないからである。

人間の再生産としての社会システム

前近代社会と相違して、市場社会では生産の場と生活の場が分離している。つまり、生産の主体である企業と、生活の主体である家計が分離している。それにともない市場社会では、経済システムと社会システムが分離し、それを政治システムが統合している。

もちろん、経済システムとは人間が自然に働きかけ、人間の生活に必要な財(goods)を生産して分配するシステムである。市場社会では生産と分配を、生産物市場と要素市場という二つの市場によって処理している。

経済システムが人間の存在に必要な財を生産し、分配していくための組織だとすれば、社会システムは人間そのものが再生産されていく組織だといってよい。つまり、社会システムとは人間の生命を再生産する生活が営まれる家族やコミュニティという共同体が、これにあたる。

社会システムは協力し、「分かち合い」ながら、自然に働きかけていかざるをえない群居性を備えた人間という種が自発的に形成する組織ということができる。敢えて繰り返すと、「分かち合い」すなわち「オムソーリ」とは、「ソーシャル・サービス(social service)」の意である。「社会(society)」という言語はラテン語の「仲間(socius)」に起因しており、「分かち合い」とは「仲間」であることの語源に根差しているのである。つまり、「分かち合い」とは共同体としての社会の組織原理だといってよい。

こうした「分かち合い」の組織である社会システムには、大きく二つの部門がある。一つはインフォーマル・セクターであり、もう一つはボランタリー・セクターである。

インフォーマル・セクターとは、集まること、それ自体を目的とした帰属集団である家族や、コミュニティなどを意味する。これに対してボランタリー・セクターとは、特定の目的のために、自発的に組織された機能集団である。労働組合や協同組合に加えて、さまざまな非営利組織が含まれる。

前述した海潮地区振興会はインフォーマル・セクターとボランタリー・セクターを統合して組織化している。そのため社会全体を統合するという政治システムの萌芽を、そこに見出すことができたのである。

もちろん、社会システムは強制力を備えていないという点で、政治システムとは弁別される。政治システムとは暴力という強制力を独占し、支配・被支配の関係を形成して、社会統合を果すシステムである。つまり、政治システムは強制力によって所有権を設定して、市場経済を機能させるとともに、社会秩序を維持していく。もっとも、市場社会の政治システムは、民衆(demos)が権力(kratia)を持つ民主主義(democracy)にもとづいている。

そのため政治システムは、社会システムの自発的協力の限界を克服するように、共同体の相互扶助や共同作業に代替する機能を果して、社会を統合しようとする。これは現に海潮地区の事例で、その形成過程をみたとおりである。政治システムは強制力を独占しているとはいえ、それを安易に発動すれば、かえって社会統合は困難になるからである。

「国民の家」としての国家

こうした経済システム、社会システム、政治システムの関係については、既に図1－2(一七頁)でみたとおりである。社会システムも政治システムも「分かち合い」の組織である。しかし、社会システムが自発的「分かち合い」の組織なのに対して、政治システムは強制的「分かち合い」の組織ということになる。

社会統合の危機が生じた時には、政治システムは社会システムとして埋め込んだほうが、つまり「分かち合い」を強化したほうが危機回避に成功する。もちろん、政治システムは強制力を強化しても社会統合が可能になるようにみえるけれども、それは破局へと結びついてしまう。

一九二九年の世界恐慌によって社会統合が危機に瀕した時に、強制力を強化して社会統合を試みた日本、ドイツ、イタリアというファシズムの運命をみれば、それは明らかである。これに対して、世界恐慌という「絶望の海」に浮かぶ「希望の島」だと讃えられたスウェーデンでは、一九三二年にスウェーデン史上初めての社会民主政権であるハンソン(Per Albin Hansson)政権が、「国民の家」というヴィジョンを掲げる。

「国民の家」のヴィジョンとは国家を家族のように組織して、国民が安心して暮らせる社会を築くことである。つまり、国家を「分かち合い」の原理によって組織化しようとする。

家族内では、すべての構成員の存在が必要であると、相互確認されている。国家もすべての国民が必要な存在であるということを相互確認できるように組織化されなければならないという考えが、「国民の家」のヴィジョンである。

すべての国民が必要な存在だとすれば、失業は「国民の家」としての国家の失敗である。しかも、家族内では、すべての家族の構成員がいかなる障害があろうとも、家族のために貢献したいと願っているのと同じように、いかなる国民も国民のために貢献したいと願っている。そうした切なる国民の願いを失業は打ち砕いてしまう。そのため、「国民の家」としての国家は失業を解消して、いかなる国民にも国民のために貢献したいという願いを充足しなければならないとされている。

さらに家族の内部では共同責任が原則となる。家族のケアも家族の共同責任となる。そのため「国民の家」としての国家でも、国民の福祉は共同責任となる。つまり、国民は自己の福祉のために租税を支払うのではなく、すべての国民の福祉のために、共同責任として租税を負担することになる。

スウェーデンでは、こうした「国民の家」のヴィジョンにしたがい、自国の生んだ偉大な経済学者ミュルダール(Gunnar Myrdal)の理論にもとづく完全雇用政策をはじめ、メッレル(Gustaf Möller)社会大臣の唱道する労働者災害補償保険や国民年金の改正、国民医療保険や失業保険の導入などの社会改良政策を展開して、世界恐慌を克服するとともに、国民の福祉に対して義務と責任を負う福祉国家を建設していくことになる。しかも、世界恐慌による大量失業に対して一九三四年に失業対策法を制定して対応し、失業者についても労働市場での「契約賃金」を適用して、世界恐慌のもとでも高賃金維持政策を採用したのである。

競争と「分かち合い」の適切なバランス

このようにしてスウェーデンは「国民の家」というヴィジョンを掲げ、一九二九年の世界恐慌のもとで「希望の島」と讃えられるパフォーマンスをあげていく。それは危機に臨み、「分かち合い」の組織を強めたからだといってよい。

こうした歴史的教訓に学べば、現在の危機から脱出するシナリオも、「分かち合い」の領域を強化することに焦点をあてる必要がある。もちろん、第2章でみたように、一九二九年の世界恐慌という危機と、現在の危機とでは状況が大きく相違することも事実である。

しかし、「パクス・アメリカーナ」が動揺し始めてから、新自由主義は「分かち合い」を否定し、競争を煽りたててきた。競争によって勝利するのは、現状での強者である。現状での強者が衰退していくのを押し止めようとすれば、競争を煽ればよい。そうすれば、現状の強者である「パクス・アメリカーナ」が衰退していくことを、喰い止めることが可能となるからである。

しかし、未来を切り拓いていこうとすれば、競争原理を野放しにするのではなく、競争原理にもとづく市場経済と「分かち合い」の領域との適切なバランスを取る必要がある。第二次大戦後の福祉国家は、政府が市場の外側で所得を再分配して国民の生活を保障する所得再分配国家であった。しかし、それは「分かち合い」の実感が困難な国民から遠い政府による国民の「参加なき所得再分配」だったといってよい。

新自由主義は福祉国家という「大きな政府」の現金給付による所得再分配が、市場経済の活力を奪うとともに、社会システムの「分かち合い」を萎縮させてしまっていると批判する。一九世紀の夜警国家の「小さな政府」が君臨したビクトリア王朝の時代には、家族やコミュニティの「分かち合い」が機能していた。ところが、第二次大戦後の福祉国家という「大きな政府」は、社会システムの「分かち合い」を抑圧したと、新自由主義は攻撃したのである。

しかし、これは論理矛盾である。競争原理にもとづく市場経済に委ねると万事が解決するという新自由主義からは、人間が「連帯」と「協力」にもとづいて「分かち合い」の欲求を備えた存在であるという人間観は出てこない。人間は自然状態にしておけば「分かち合う」という前提は、新自由主義にとっては論理矛盾となる。

前章で指摘したように、重化学工業を基軸とする工業社会から、知識産業やサービス産業を基軸とする知識社会へと移行していくと、それまで主に女性が家族内で担っていた対人社会サービスの家族内での生産が困難となる。そこで家族という社会システムの「分かち合い」を、政治システムへと一層、埋め込まざるをえなくなる。つまり、家族やコミュニティの相互扶助に代替する育児や養老という福祉サービス、医療サービス、教育サービスなどのサービス給付を、政治システムが提供せざるをえなくなるのである。

再分配のパラドックス

表 4-1　再分配のパラドックス

	社会的扶助支出	ジニ係数(90年代半ば)	相対的貧困率(90年代半ば)	社会的支出
アメリカ	3.7	0.361	16.7	15.2
イギリス	4.1	0.321	10.9	23.1
スウェーデン	1.5	0.211	3.7	35.3
デンマーク	1.4	0.213	3.8	30.7
ドイツ	2.0	0.280	9.1	26.4
フランス	2.0	0.278	7.5	28.0
日本	0.3	0.295	13.7	11.8

出所：社会的扶助支出は，Tony Eardley, et al., *Social Assistance in OECD Countries: Synthesis Report*, Department of Social Security Research Report, No. 46, p. 35. ジニ係数および相対的貧困率は，OECD, Society at a Glance: OECD Social Indicators: Raw Date, http://www.oecd.org/dataoecd/34/11/34542691.xls, 社会的支出は，OECD, Social Expenditure Database
(注) 宮本太郎北海道大学教授による作成資料を修正して作成

社会政策学者コルピ(Walter Korpi)の指摘する「再分配のパラドックス」は、サービス給付による「分かち合い」の重要性を実証している。「再分配のパラドックス」とは、貧困者に限定した現金給付を手厚くすればするほど、その社会は格差が激しくなり、貧困が溢れ出るという命題である。

表4-1には日本が悪平等ほど平等な社会だと宣伝された一九九〇年代をとって、「再分配のパラドックス」の様相を示している。この表で最も左欄にある社会的扶助支出とは、生活保護のように、貧困者に限定して現金を給付する現金給付であるといってよい。こうした貧困者に限定した現金給付の支出ウェイトの高い国は、アメリカ、イギリスというアングロ・サクソン

諸国である。
これに対して貧困者に限定した現金給付である社会的扶助支出のウェイトの少ない国は、スウェーデン、デンマークというスカンジナビア諸国である。このアングロ・サクソン諸国とスカンジナビア諸国との中間に、社会的扶助支出のウェイトが中程度のドイツ、フランスというヨーロッパ大陸諸国が位置している。

ところが、格差の指標であるジニ係数をみると、社会的扶助支出の高いアングロ・サクソン諸国でジニ係数が著しく高くなっている。つまり、格差の激しい国となっている。

これとは対照的に社会的扶助支出の低いスカンジナビア諸国のジニ係数は著しく低くなっている。つまり、格差の少ない国になっている。社会的扶助支出が中位であるヨーロッパ大陸諸国は、格差も中位に位置している。

貧困率をみても、格差と同様のことが指摘できる。つまり、社会的扶助支出の高いアングロ・サクソン諸国は貧困率も高く、社会的扶助支出の低いスカンジナビア諸国は貧困率も低く、社会的扶助支出の中位のヨーロッパ諸国は貧困率も中位となっている。

これがコルピの指摘する「再分配のパラドックス」である。社会的扶助支出のような貧困者に限定した現金給付が高ければ高いほど、格差も貧困も激しくなってしまうのである。

もっとも、日本は例外である。日本の社会的扶助支出のウェイトは低いけれども、「再分配のパラドックス」の示唆するように、貧困も少なく、所得分配も平等だというわけではない。日本のジニ係数も相対的貧困率も、高いからである。

日本は国際比較の対象として、アメリカやイギリスしか念頭にないといってもいいすぎではない。そのため、アメリカやイギリスなどのアングロ・サクソン諸国よりも低かったというだけで、「悪平等」といえるほど平等な国家だとかまびすしく喧伝されたのである。

もちろん、ヨーロッパ経済と比較すれば、「悪平等」などというのは偽り言である。相対的貧困率にいたってはイギリスよりも悪化していたのである。

垂直的再分配と水平的再分配

「再分配のパラドックス」が働く秘密は、「分かち合い」にある。格差や貧困率の低いスカンジナビア諸国は社会的支出のウェイトが高い。つまり、福祉、医療という対人社会サービスのウェイトが高い。逆にアングロ・サクソン諸国は社会的支出のウェイトが低い。これは前章の図3-1(八二頁)でも、確認したことである。

貧困者に限定して現金を給付することを「垂直的再分配」と呼んでおくと、育児や養老などの福祉サービスや、医療サービスを社会的支出として、所得の多寡にかかわりなく提供していくことは「水平的再分配」と呼ぶことができる。それは所得が同じでも、リスクに陥った時に、そのリスクを補塡していくからである。

一見すると、垂直的再分配のほうが、格差や貧困を解消するように思うかもしれない。貧しき者に現金が給付されるからである。ところが、現実には水平的再分配のほうが、格差や貧困を解消してしまう。つまり、貧しくとも豊かであっても、育児サービスは無料、養老サービスは無料、医療サービスは無料などと、対人社会サービスをユニバーサルにしたほうが、格差や貧困を解決してしまうのである。

そう唱えると、スカンジナビア諸国でも、対人社会サービスに利用者負担が存在するという反論が返ってくる。確かに、一割程度の利用者負担はある。しかし、サービスは市場から購入するものではないという常識が存在しているスカンジナビア諸国では、利用者負担は所得比例となっている。したがって、所得の少ない者が負担することはない。教育サービスにいたっては、無料ではないと考える日本こそ非常識だといってもいいすぎではない。スカンジナビア諸国に限らず、多くのヨーロッパ諸国では教育サービスが無料で提供されるからである。

水平的再分配つまりサービス給付が「分かち合い」で広汎に実施されていれば、垂直的再分配は僅かで済む。貧しくとも豊かであっても、医療サービスが無料で提供されていれば、生活保護の受給者が病にあるからといって給付額は増加しないからである。

日本では医療サービスは、水平的再分配としてユニバーサルに提供されていない。医療保険に加入していても、三割は患者負担として市場価格で支払うことになる。そうすると、市場価格を支払えない貧困者は、医療サービスを受けられないことになる。

そこで貧困者でも医療サービスを受けられるようにと生活保護が支給される。生活保護費の半分以上が、日本では医療費にかかっている。日本では「生活保護を給付するので、貧困者はそれで患者負担を支払い、国民健康保険を支払え」といっているようなシステムとなっている。

しかし、医療サービスが貧しくとも豊かであってもユニバーサルに提供されていれば、生活保護の受給者が病だからといって給付額を増加させる必要はない。生活保護受給者が幼児を抱えているからといって育児サービスと児童手当がユニバーサルに提供されていれば、生活保護の受給額が増加しない。教育サービスが無償で提供されていれば、学童を抱えているからといって生活保護の受給額は増加しない。

つまり、生活保護は本人の食料費と衣料費という生活費を一律に給付すればよいということになる。そうなると、生活保護費は僅かで済む。

逆にサービス給付が「分かち合い」として提供されていないと、生活保護の給付は膨らむことになる。サービス給付をユニバーサルに提供しない代わりに、生活保護で引き受けざるをえなくなるからである。

そうなると、生活保護を受給しているか否かで雲泥の差が生じてしまう。生活保護を受給するか否かで格段の差が生じるようになれば、生活保護の受給に対するバッシングが起きる。そうした事態になると、生活保護の水準も引き下げられて機能不全に陥ってしまう。

しかも、現金給付にはミミッキング(mimicking)つまり「擬態」という効果が生じる。つまり、「お金のない振りをする」という不正が生まれる。

ところが、サービス給付だと、振りをするという「擬態」効果が生じない。幼児のふりをして保育園に入園したり、高齢者の振りをして老人ホームに入所しても意味がないからである。

もちろん、「擬態」効果のある現金給付は、激しい批判の対象となり、審査を厳しくせざるをえなくなる。その結果として、生活保護本来の機能を果すことが困難になってしまうのである。

いま、「分かち合い」を再編成すべきとき

こうして工業社会から知識社会への転換にともなって、社会システムの「分かち合い」を政治システムに埋め込むことが重要になってくる。垂直的再分配から水平的再分配へ、現金給付からサービス給付へとシフトすることが必要になってくるからである。

新自由主義は福祉国家による「分かち合い」が大きくなりすぎたとして、「小さな政府」へと逆噴射させることを主張した。しかし、競争原理にもとづく市場経済と「分かち合い」の経済とは、ラーゴムつまり適切なバランスが取られなければ、市場経済も萎縮してしまう。市場経済が新しい産業構造へと転換しなければならない「危機の時代」であれば、なおさらである。

工業社会から知識社会へと転換する「危機の時代」には、「分かち合い」を小さくするのではなく、再編成することが必要とされている。というよりもむしろ、「分かち合い」を強化することが必要となっている。

福祉国家のもとでの中央集権的な現金給付による垂直的再分配から、より「分かち合い」の原理にもとづいたサービス給付による水平的再分配へシフトさせる必要があるからである。この歴史の「峠」を踏み越えるには、「分かち合い」の原理にもとづく本来のヴィジョンを「予言の自己成就」としなければならないのである。

第5章　いま財政の使命を問う

財政の使命とは

「分かち合い」とは人間が生きていくうえで遭遇する困難を、社会という「共同体」として解決していくことである。つまり、共同の困難を共同責任で解決することである。

財政とは共同の困難を、共同負担によって共同責任で解決するための経済である。つまり、財政とは本来、「分かち合い」の経済だということができる。

財政は民主主義を基盤としている。社会の構成員が平等で、それぞれに掛け替えのない存在であることを相互確認し、共同責任を担うことが民主主義の基本である。

そもそも財政とは、パブリック・ファイナンス(public finance)の翻訳語である。パブリックつまり「公」とは、社会の構成員の誰もが排除されない「分かち合い」の領域を意味する。ファイナンスとは貨幣現象を意味するため、財政とは「分かち合い」の貨幣現象だといってよい。

ところが、他者を自己の欲望を充足するための手段だと意識する人にとっては、「分かち合い」は恐怖となる。「分かち合い」を否定するための常套句は、財政危機である。つまり、財政危機なのだから「分かち合い」を充実させるどころではなく、縮小すべきだと、得意満面のしたり顔で唱えることになる。

しかし、財政の使命は、共同の困難を解決することだということを忘れてはならない。そうだとすれば、財政危機とは財政が機能不全に陥り、財政の使命である共同の困難を解決する使命を果せない状態であると考えなければならない。

もっとも、財政の使命である共同の困難を解決できないと、財政収支の赤字という意味での財政危機も生じる。しかし、原因と結果を転倒させてはならない。財政収支が不均衡となっているという意味での財政危機は、共同の困難を解決できないために生じている経済的危機や社会的危機の結果なのである。経済的危機と社会的危機が発生すれば、財政収支は必ず不均衡になる。

経済不況という経済的危機が深刻化すれば、財政収支は必ず不均衡となる。ひとたび戦争と社会的危機が生じれば、財政収支は必ず不均衡となる。財政収支を均衡化することは容易である。増税か経費支出を削減するか、あるいはその両方を実施すればよい。

しかし、財政収支を均衡化したところで、経済的危機や社会的危機が激化してしまえば、何の意味もない。財政の使命は経済的危機や社会的危機という共同の困難を解消することにあるからである。逆に財政の出動によって経済的危機や社会的危機が克服されれば、財政収支を取り戻すことになる。

創り出された財政収支の赤字

財政収支の赤字を根拠にして、「分かち合い」を削減する主張がある。しかし、その場合には「分かち合い」を削減することに目的があり、財政収支の均衡はその口実にすぎない。それを象徴する例が「上げ潮派」の主張である。

上げ潮派は、企業への減税を主張する。企業への租税を減税すれば、経済成長を実現し、租税の自然増収によって財政収支も均衡すると唱える。もちろん、減税をすれば財政収支の赤字は拡大する。そうすると、待ってましたとばかりに、財政赤字の拡大は「分かち合い」が大きすぎるからだという。「分かち合い」を削減し、「小さな政府」の実現を主張することになる。

上げ潮派は増税を認めない。そもそも新自由主義の狙いは「小さな政府」を実現し、「分かち合い」のための共同負担を免れることにあるからである。

日本の財政運営を振り返ってみても、まず大幅な減税を実施して財政収支の赤字を発生させて、それを根拠に「分かち合い」の縮小を説いていくという手段が採られていたのである。

図5-1で一般会計の租税収入と歳出との推移を、一九八〇年代から一九九〇年までをみる

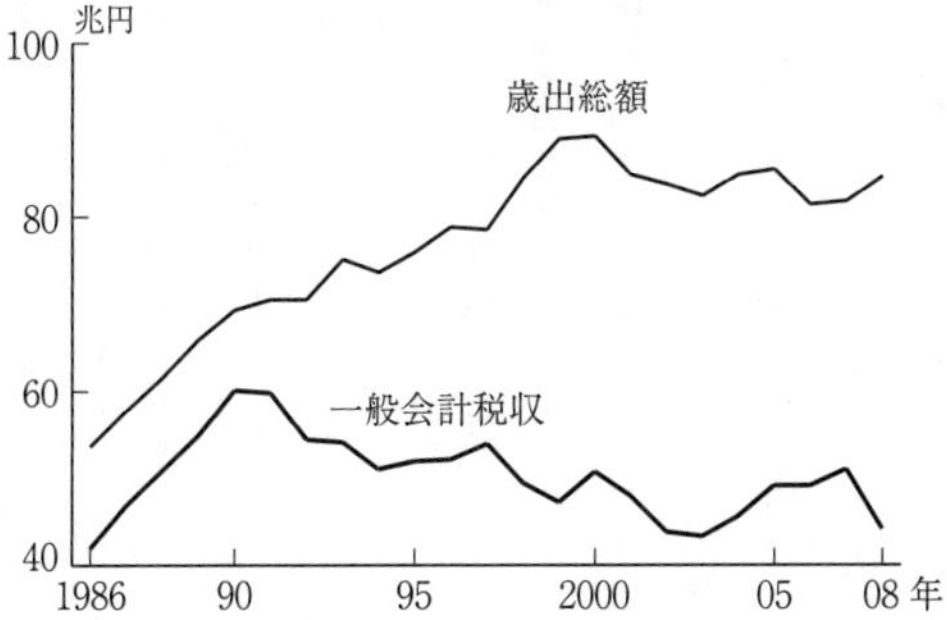

出所：財務省資料

図 5-1　一般会計税収と歳出総額の推移

と、租税収入と歳出とはほぼパラレルに推移し、財政収支の赤字幅は拡大していない。というよりも、財政収支の赤字幅は、縮小するように推移している。ところが、一九九〇年代に入ると、一転して財政収支の赤字幅が急速に増大していく。

しかも、一九九〇年代から財政収支の赤字幅が著しく拡大した要因は、租税収入が減少基調に転じたことにある。こうした減税基調は一九九〇年代の前半にはバブルの崩壊による租税収入の減少が大きいものの、一九九四年度の四兆三八六〇億円に上る減税を皮切りに、二〇〇四年度まで毎年の如く実施されていく減税政策が要因となっている。

とりわけ一九九八年度以降、新自由主義にもとづく構造改革としての大減税が実施されていく。それまでの減税が所得税の減税に重点があったのに対して、一九九八年度以降の構造改革としての大減税では法人税減税に焦点が絞られていく。次いで高額所得に対する所得税減税が展開されていく。

一九九九年度には法人税の税率が三四・五％から三〇・〇％に大幅に引き下げられ、一兆六九四〇億円の減税が実施される。さらに六四三〇億円に達する租税特別措置による減税が実行され、法人税だけで二兆三三七〇億円もの大減税が実現した。しかも地方税の法人事業税で税率を一一・〇％から九・六％へと引き下げることで、二兆六一〇億円もの大減税が実施されたのである。

二〇〇〇年代になると、日本の法人税の税率が国際的に高いということが、先進国との比較では唱えられなくなったために、経済界は発展途上国を引き合いに出し、「アジア並みに法人税を引き下げる」ことを要求し始めていた。しかし、あまりに理不尽な要求なので応答できるはずもなく、法人税の負担軽減は租税特別措置の立法によって図られていく。

高額所得に対する所得税の減税も、一九九九年度の税制改正で所得税の最高税率が五〇％から三七％へと大幅に引き下げられるとともに、住民税の最高税率も一五％から一三％に引き下げられていく。しかも、高額所得を形成する資産所得への優遇措置が拡大されたのである。

このように構造改革を掲げる税制改革では、法人税や高額所得に焦点を絞った大幅減税を実施し、その上で財政収支の赤字幅が拡大したとして、「分かち合い」への経費支出を削減していく。図５‐１にみられるように、二〇〇〇年代になると、歳出の削減が顕著になっていく。財政収支が赤字だから、「分かち合い」を削減するという論理は、現実には減税によって財政収支の赤字を創り出し、それを根拠に「分かち合い」の削減を正当化するという過程を辿っているのである。

「均衡財政」、「小さな政府」というドグマ

新自由主義は、第二次大戦後に定着したケインズ的福祉国家を根底的に批判するために、古めかしい「均衡財政」のドグマ（dogma　教義）と「小さな政府」のドグマを持ち出した。すなわち、新自由主義者は「均衡財政」と「小さな政府」を実現させなければ、社会は衰退してしまうと主張する。社会を健全な方向に向かわせるため、「均衡財政」と「小さな政府」の実現を至上命題のように説くのである。

「均衡財政」のドグマと「小さな政府」のドグマは、一九世紀中葉に君臨したアダム・スミス的自由主義国家のドグマでもある。アダム・スミスは国家を必要悪（necessary evil）と考えた。つまり、市場経済を機能させるために必要ではあるけれども、不生産的支出なので可能な限り

小さいほうがよく、その機能は秩序維持機能に限定すべきだと考えたのである。

「小さな政府」のドグマの前提には、政府の支出は不生産的支出だという考えがある。政府の支出は租税で調達しようと、公債で調達しようと貨幣で調達するという意味で変わるところがない。ところが、租税は強制的に何の対価もなく調達されるため、国民からの租税抵抗を生み易い。しかも、租税は国民の共同意志による合意を得ているけれども、国民は消費を節約して納税する。

ところが、元利払いの期待できる公債は、国民に負担感を与えず、抵抗を受けない。しかも、負担感がないが故に、公債を引き受けても、消費を節約することなく、貯蓄を減らしてしまう。

政府の支出が不生産的であっても、租税で調達すれば、不生産的な消費が節約される。ところが、公債で調達すれば、消費が節約されずに、生産的支出に向う貯蓄が政府の支出という不生産的支出に振り向けられてしまう。そのため経済成長が抑制されてしまう。しかも、抵抗の少ない公債だと容易に貨幣が調達され、「小さな政府」に背反することになると唱えたのである。

しかし、こうした「小さな政府」のドグマは、既に述べたように、一九世紀後半に登場するドイツ財政学によって覆され、「大きな政府」論が常識の地位を占めることとなったのである。

「小さな政府」のドグマに反して、「大きな政府」論の背後には、政府の支出が生産的であるという前提がある。それはアダム・スミスに代表される古典派が、政府の支出が不生産的で、政府は必要悪だとした前提とは好対照をなしている。

政府の支出が生産的であるとすれば、「均衡財政」のドグマに固執する必要はなくなる。ドイツ財政学の大成者であるワグナー（Adolf Wagner）は、政府の支出を人件費や物件費など毎年度支出される経常的経費と固定的な資本の形成のためなどに支出される資本的経費に分類し、資本的経費であれば、公債で調達することを肯定する。これが日本の財政法でも規定されている建設公債の原則である。つまり、日本の財政法第四条では、公債の発行を禁止した上で、「但し書き」によって公共事業や出資あるいは投資などの資本的支出に使途を限定して、公債の発行を認めている。

このように「小さな政府」のドグマが否定されていく背後には、政府の機能が強制力による秩序機能から、「分かち合い」の機能をも包括するように政府機能を拡大していく理念がある。これをワグナーは「国家活動膨張の法則（Gesetz der wachsenden Ausdehnung der öffentlichen und speziell der Staatstätigkeit）」として定式化した。つまり、「法律または権力目的」だけを専一的に定理するような「小さな政府」から、「文化または福祉目的」への支出が継続的に増加する「文化国家」あるいは「福祉国家」に転換すると主張したのである。

ワグナーが「文化または福祉目的」という政府機能の拡大を提唱したのは、家族やコミュニティという社会システムの「分かち合い」が弛緩していくことを意識していたからである。つまり、こうした社会システムの「分かち合い」の弛緩に対して、それに代替する機能を政治システムが担わなければ、社会統合に亀裂が生じると考えたのである。

このように提唱された福祉国家は、第二次大戦後に定着していく。しかも、一九二九年の世界恐慌という危機の学習効果から、ケインズ理論にもとづく経済安定化機能が、福祉国家の重要な機能と位置づけられていた。そのため「均衡財政」のドグマは退けられ、ドイツ財政学のように経常的支出か資本的支出かという使途基準ではなく、景気基準に財政収支を操作するように主張された。つまり、景気が不況であれば、財政収支を赤字にして景気を刺激し、景気が好況であれば、財政収支を黒字にして景気を抑制するべきだと唱えられたのである。

しかし、既に述べたように、「小さな政府」のドグマも「均衡財政」のドグマも否定した第二次大戦後のケインズ的福祉国家を新自由主義は根源的に否定し、古めかしい「小さな政府」のドグマと「均衡財政」のドグマを復活させる。つまり、「均衡財政」と「小さな政府」こそ、経済成長をもたらすのだと唱えたのである。

表 5-1　「分かち合い」と経済的パフォーマンス

	「分かち合い」の大きさ（社会的支出のGDP比）	経済成長率	格差（ジニ係数）	貧困率（相対貧困率）	財政収支
アメリカ	14.8%	3.0%	0.357	17.1%	△2.8%
ドイツ	27.4%	1.2%	0.277	9.8%	△2.7%
スウェーデン	29.8%	2.6%	0.243	5.3%	1.4%
日本	16.9%	1.4%	0.314	15.3%	△6.7%

出所：OECD 資料にもとづいて宮本太郎北海道大学教授が作成した資料により作成

（注）「分かち合い」の大きさ（社会的支出の GDP 比）は 2001 年，格差と貧困率は 2000 年のデータにもとづく．経済成長率と財政収支は 2001 年から 2006 年までの平均

「小さな政府」で経済成長が実現できるのか

「分かち合い」は経済成長を抑制し、財政収支と対立すると新自由主義は説教する。しかし、それは現実にありえない絵空事なのである。

表5－1には新自由主義を布教するアメリカをアングロ・サクソン・モデルの代表国として取り上げ、新自由主義のインパクトを受けながらも、アメリカン・モデルを拒否し、ヨーロッパ社会経済モデルを新しい状況に適応させようとしている二つのモデルの代表国を掲げている。つまり、ドイツやフランスなどのヨーロッパ大陸モデルの代表国としてドイツを、スカンジナビア・モデルの代表国としてスウェーデンを取り上げている。それに日本を加えてある。

「分かち合い」のウェイトを社会的支出ではかると、当然のことながら、アメリカは「分かち合い」のウェイトの低い「小さな政府」である。これに対してドイツもスウェーデンも「分かち合い」のウェイトの高い「大きな政府」となっている。もちろん、アメリカに盲従し、ひたすら新自由主義を信仰する日本も「小さな政府」となっている。

しかし、「小さな政府」と財政収支の均衡との間には関係がない。というよりも、「小さな政府」であるよりは「大きな政府」であったほうが、財政は均衡化するという逆の関係すら指摘できる。

「小さな政府」のドグマと「均衡財政」のドグマを布教するアメリカをみれば、財政収支については赤字に苦しんでいる。もっとも、「大きな政府」であるドイツも、アメリカ同様に財政収支の赤字に苦悩している。

ところが、ドイツよりも「大きな政府」であるスウェーデンは、財政収支が黒字となっている。しかし、アメリカ同様の「小さな政府」である日本は、突出した財政収支の赤字を計上している。

財政収支が赤字だから社会的支出つまり「分かち合い」を小さくするという論理は、アメリカや日本のような小さな社会的支出をより小さくするという主張になる。社会的支出の大きなスウェーデンには、社会的支出を小さくする理由は存在しない。日本の現実をみれば、社会的支出を小さくするがために、財政赤字を創り出してきたとさえいえるのである。

社会的支出のウェイトの高い「大きな政府」であるスウェーデンは、財政収支が黒字となっている。財政収支が赤字であれば、「分かち合い」を小さくせざるをえないという論理を採用すれば、社会的支出の小さな国は財政収支が赤字なので、ますます社会的支出を小さくせざるをえなくなるという悪循環が働く。逆に社会的支出の大きなスウェーデンは、財政収支が黒字なので、ますます社会的支出が大きくなっていくことになる。

「小さな政府」のドグマと、「均衡財政」のドグマを説教する新自由主義によると、社会的支出を削減し、「小さな政府」を実現して、「均衡財政」を達成すれば、経済成長という恵みを手に入れることになっている。確かに、アメリカをみれば、二〇〇一年から二〇〇六年にかけて、三・〇％という高い経済成長を実現している。逆に社会的支出の大きなドイツの経済成長率は低くなってしまっている。

ところが、社会的支出の「大きな政府」であるスウェーデンでは、アメリカと肩を並べるように高い経済成長を誇っている。それとは対照的に、アメリカの強要する新自由主義を従順に崇めている日本は、ドイツと同様に低い経済成長率に喘いでいる。

つまり、社会的支出が大きいか小さいかは、経済成長率とは無関係なのである。「小さな政府」にすれば、経済成長が実現するという「小さな政府」のドグマは、迷信にすぎないのである。

「小さな政府」でも財政支出は抑制できない

新自由主義の狙いは、富める者の富をさらに富ますことにある。「小さな政府」のドグマも、社会的支出のために富める者が相応の負担を貢納することを否定するための方便にすぎないのである。

そのため「小さな政府」のドグマを掲げて減税を実施し、「均衡財政」のドグマを口実に、社会的支出を切り捨てようとする。しかし、そう容易に欺瞞の論理を貫くことはできない。「小さな政府」にしたところで、経済成長が実現するわけではないので、上げ潮路線のシナリオのように、租税収入が想定どおりの自然増収を実現してくれはしない。しかも、仮にアメリカのように経済成長を実現したとしても、財政の支出を削減することは困難となる。

というのも、「小さな政府」は格差と貧困を溢れ出させ、社会統合を困難にするからである。先の表5-1(一三一頁)をみると、ジニ係数が高く格差の大きな社会は、社会的支出の小さなアメリカと日本である。貧困率をみても、この表にある二〇〇〇年時点で、日本はOECD諸国で最も貧困の激しい社会だといわれるアメリカに極めて近い数値となっている。「分かち合い」の小さなアメリカと日本が著しい貧困な社会に陥っていることがわかる。

このように格差と貧困を溢れ出させてしまうと、社会的統合を困難とする社会的亀裂を放置しておくわけにはいかない。一国の首相が「格差のどこが悪い」と居直ったとしても、そうしたライオンの遠吠えで国民を長期にわたって愚弄することは不可能である。

そうなると財政支出の削減には限度がある。もちろん、人間は利己的に行動するという前提を、新自由主義は否定することができない。そうだとすると、社会的亀裂が入り、犯罪行為や社会的逸脱行動が蔓延すれば、強制力を行使する社会的秩序維持機能を強化せざるをえなくなるのである。

佐藤学東京大学教授によると、アメリカのカリフォルニア州などでは、警察官や刑務所などにかかわる治安維持費が、教育費を上回る勢いだという。さらに、覇権国アメリカには、世界に巻き起こした格差と貧困によって生じる世界秩序の混乱を鎮圧するための膨大な軍事費が存在している。つまり、政府の機能が小さく、「分かち合い」の経費は小さくとも、財政支出は抑制することが困難となる。

日本でも悲劇は同じである。「分かち合い」の経費は削減できても、警察と刑務所にかかわる経費は削減できない。公務員は大幅に削減されているにもかかわらず、警察や刑務所における職員は増加の一途を辿っている。そのため「分かち合い」に携わる職員は、大幅に削減されてしまう。

「経済的中立性」のドグマ

「分かち合い」つまり社会的支出を小さくして、強制力を強めて秩序維持機能を大きくしたとしても、財政支出は増加する。財政支出の増加は増税がなければ、財政収支の赤字を拡大させる。ところが、新自由主義にとって増税を容認することは困難である。富める者がますます富めるように、富める者の負担を削減することにこそ、「トリクルダウン(trickle-down)理論」を唱える新自由主義のレーゾン・デートルが存在するからである。

トリクルダウン理論とは豊かな者をさらに豊かにすれば、その御零《おこぼ》れが滴《したた》り落ちるという理論である。トリクルダウン理論はアダム・スミスの古き時代から唱えられている。しかし、それには二つの前提がある。

一つは、富はいずれ使用するために所有されるということである。もう一つは、富を使用することによって充足される欲求には限界があるという前提である。そのため、豊かな者がより豊かになると、富によって充足される欲求には限界があるため、使用人の報酬などを引き上げるので、トリクルダウンが働くと考えたのである。

ところが現在では、富は使用されるために所有されるわけではない。富を所有すると、富の前に人々が平伏し、人々を動かすことができるからである。支配する権力を獲得するために富が所有されると、トリクルダウンは生じることがない。

しかし、幻想にすぎないトリクルダウン理論を掲げながら、増税を実行するにしても、富める者の負担にはならない増税を、新自由主義は主張する。つまり、租税負担構造を経済力に応じて、富める者が貧しき者をいたわり、富める者が多くを負担する累進的負担構造を、貧しき者が多くを負担する逆進的負担構造へと変えていこうとする。

既に述べたように、ケインズ的福祉国家という「大きな政府」のもとでは、所得再分配機能の高い所得税・法人税中心税制が正当化された。社会の構成員の経済力に応じて、「分かち合い」を負担すべきだと考えられたからである。

しかも、所得税・法人税中心税制は税収の所得弾力性も高く、経済安定化機能に優れている。さらに所得税・法人税中心税制は税収の調達能力が高く、福祉国家という「大きな政府」を支える資源配分機能にも優れている。つまり、ケインズ的福祉国家のもとでは、資源配分機能・所得再分配機能・経済安定化機能という財政の三つの機能から考えて、所得税・法人税中心税制の確立が目指されたのである。

もちろん、新自由主義の意図は、こうした「大きな政府」を支えた所得税・法人税中心税制を破壊することにある。市場が分配する所得を歪めない中立的税制こそが望ましいとして、福祉国家の所得税・法人税中心税制を攻撃する。

そこで「広く薄い負担に」、あるいは「所得から消費へ」を税制改革の合言葉にして、日本でいう消費税つまり付加価値税を推奨していく。すなわち、新自由主義は租税改革では、「経済的中立性」のドグマを提唱していくことになる。

こうして財政支出における「小さな政府」のドグマ、租税収入における「経済的中立性」のドグマ、財政収支における「均衡財政」のドグマという三つのドグマを、新自由主義は唱えた。こうした三つのドグマは、一九世紀中葉の「レッセ・フェール(自由放任)」の時代における財政原則である。新自由主義は黄泉《よみ》の世界から、この三つのドグマを掘り起こしたのである。

もっとも、新自由主義は一九世紀中葉の自由主義国家の古めかしい財政原則を、そのまま復活させているばかりではない。中立性では優れているけれども、最悪の租税だと、アダム・スミスが手厳しく批判した人頭税(所得にかかわらず国民一人一人に一定額を課す租税)を、イギリスのサッチャーはコミュニティ・チャージとして導入して最悪の結果を招いた。すなわち、イギリスでは大規模なデモや騒乱が起こり、結果的にサッチャーが政権の座を降りる引き金となったのである。

もっとも、アダム・スミスを初めとする古典派は、「経済的中立性」のドグマを唱えたといっても、消費課税は労働賃金を引き上げるとして批判している。アダム・スミスは所得に比例して課税される所得税の導入を唱え、その教えに従い、一七九九年に宰相ピット(William Pitt)が、イギリスで初めて所得税を導入したのである。

ところが、新自由主義は古典派のように、比例的所得税を推奨はしない。推奨する租税はあくまでも、逆進的負担をもたらす消費税つまり消費型付加価値税なのである。

しかも、レッセ・フェールの自由主義国家の時代は、政府機能が軍事や警察などに限定された夜警国家だったといっても、家族やコミュニティなどによる社会システムの「分かち合い」が機能を発揮していたことを忘れてはならない。つまり、一九世紀中葉には自助努力で生活をしていたといっても、それは文字どおりの自助努力ではない。それは家族やコミュニティの拡大した共同体的人間関係という「分かち合い」に抱かれていたのである。

しかも、一九世紀中葉には人々の生活で市場から購入するものは少なく、市場経済に依存していた生活様式とはいいがたい。そのため消費税が支持されても、それは奢侈や浪費への課税と考えられた。イギリスの代表的重商主義者トーマス・マン(Thomas Mun)は消費税が、貧しき者の負担とはならず、富める者の負担になると考えていたのである。

増税への抵抗感の内実

新自由主義は日本では、三つのドグマを常識として定着させることに成功した。常識は時代の勝者によって形成され易いからである。常識が形成されるまで、繰り返しメディアを動員して宣伝できることは、勝者の特権である。

しかし、常識の敵は真理である。第1章でも指摘したように、二〇〇二年から「小さな政府」が「いざなぎを越える景気」をもたらしたとしても、賃金は低下するばかりで、生活は苦しくなるばかりだった。豊かな者はより豊かになっても、格差が拡大し、貧困は溢れ出るばかりである。

世論調査などをみても、国民は医療・福祉・教育という対人社会サービスを「分かち合い」として公共サービスで提供することを求めており、崩壊しかかった市場経済とのほどよいバランス、つまりラーゴムが必要だと考えていた。政治経済学の旗手スタインモは、日本を訪れると、多くの人が租税を支払っても、それが公共事業に使用されてしまうので、増税に応じる気がないとこぼすのを耳にすると語っている。

二〇〇二年に来日したスタインモが長崎を訪れ、自動車で走ると、トンネルまたトンネルの連続になるのに驚いた。しかも、走る自動車を目にすることもない。そこで利用する自動車もないのにトンネルの多い理由を尋ねると同乗者が「これがいわゆる無駄遣い」だと笑ったという。

スタインモは日本政府が、どうして国民の望まない政策に、これほど情熱を傾けるのか理解できないと語る。こうしたことを続けるなら、増税は望めないどころか、租税抵抗が強まるばかりだろうと不思議がる。

確かに、日本では増税に対する抵抗が強い。それだからこそ「分かち合い」は日本では不可能だと新自由主義は主張する。しかし、論理は逆である。「分かち合い」ではない支出だから、増税に応じないのである。

日本国民はヨーロッパ並みの消費税の増税に応じないと嘆く。だが、法人税でアジアと比較するのであれば、消費税もアジアと比較して議論すべきではないかと思いたくなる。もちろん、ヨーロッパ並みの消費税の税率が実現しないのは、ヨーロッパ並みの「分かち合い」が実現していないからである。

日本の税制の矛盾

しかも、「経済中立性のドグマ」を信じ、所得税・法人税中心税制をかなぐり捨てている国は、日本だけである。図5-2をみれば、個人所得税を一九九〇年から顕著に減少させている国は、スウェーデンと日本だけである。しかし、スウェーデンと日本とでは所得税の負担水準があまりにも違いすぎる。スウェーデンは依然として、先進国で最も所得税の高い水準を維持しているのに、日本は最低水準にある。しかも、図5-3をみれば明らかなように、日本は一九九〇年から法人税の負担水準を激減させた唯一の例外国家なのである。

それにもかかわらず日本では、増税の選択肢は消費税しかないとの常識が、大手を振って罷り通っている。しかも、躍起になって消費税は逆進的ではないという常識を形成しようとしている。

すなわち、消費税を増税の唯一の選択肢と主張する者たちは、消費税は所得に対して逆進的だといわれるけれども、消費に対しては比例的であると強調する。その上で所得は必ず消費さ

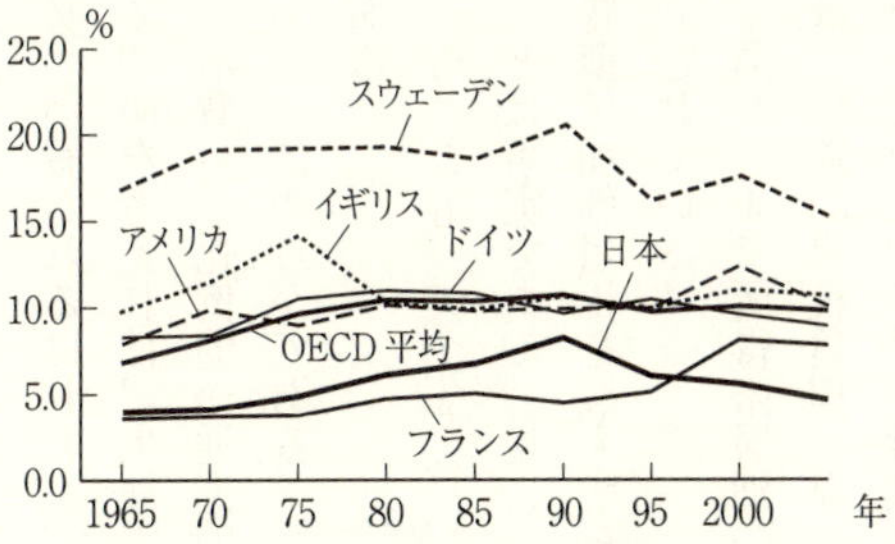

出所：OECD, Revenue Statistics 1965-2003, 2004 Edition

図 5-2　主要国における個人所得税負担率の推移

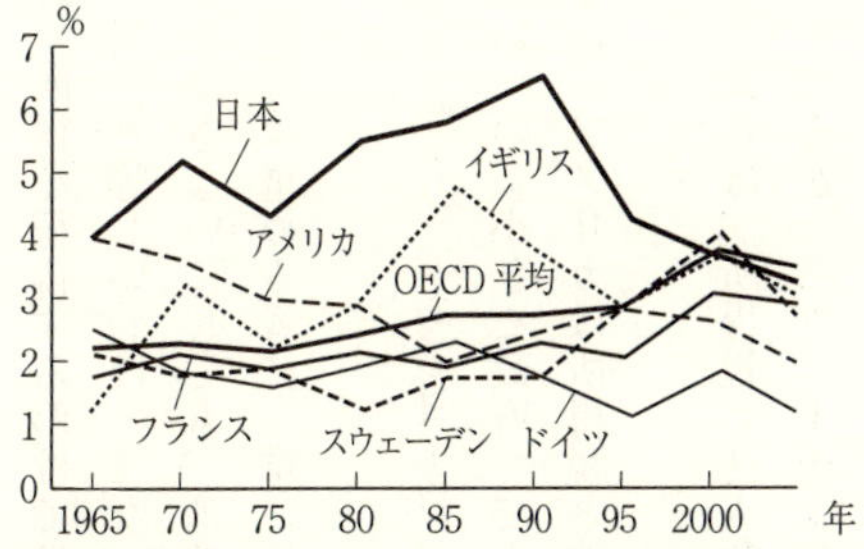

出所：OECD, Revenue Statistics 1965-2003, 2004 Edition

図 5-3　主要国における法人所得税負担率の推移

れるので、生涯を通してみると生涯所得と生涯消費は等しくなるはずである。したがって、生産所得に比例的に負担されるはずで、消費税の負担は逆進的ではないと、したり顔で説く。

しかし、所得は必ず消費されると説くためには、相続をも消費だと見なす必要がある。しかも、人間は生まれた時から成人ではない。相続を消費だと見なせば所得は必ず消費されるとしても、人生は所得から始まるのではなく、消費することから始まる。つまり、成人になるまで人間は親に扶養され、消費する長い期間があって初めて所得を獲得する。所得は必ず消費されるけれども、消費は必ず所得を稼得するわけではない。成人になるまでの消費する期間を考えれば、生涯消費は生産所得と等しいわけではない。

消費税が比例的か逆進的かに結論を出さないにしても、消費税が経済力に応じた課税ではないことは明らかである。つまり、消費税は富める者に、重い負担を与えることはできないのである。

もっとも、「分かち合い」の「大きな政府」であるヨーロッパ諸国は、消費税の負担が重いことは事実である。逆に「分かち合い」の「小さな政府」であるアメリカは、消費税つまり消費型付加価値税を導入すらしていない。アメリカは所得税と法人税を中心とした租税制度が確立されている。

図5－4で所得階層別の租税負担をみれば、所得税と法人税のウェイトが圧倒的なアメリカは、累進的租税負担となっている。ところが、スウェーデンをみれば、逆進的租税負担構造となっている。消費型付加価値税の税率が二五％で、所得税も地方税として比例税率で課税されているからである。

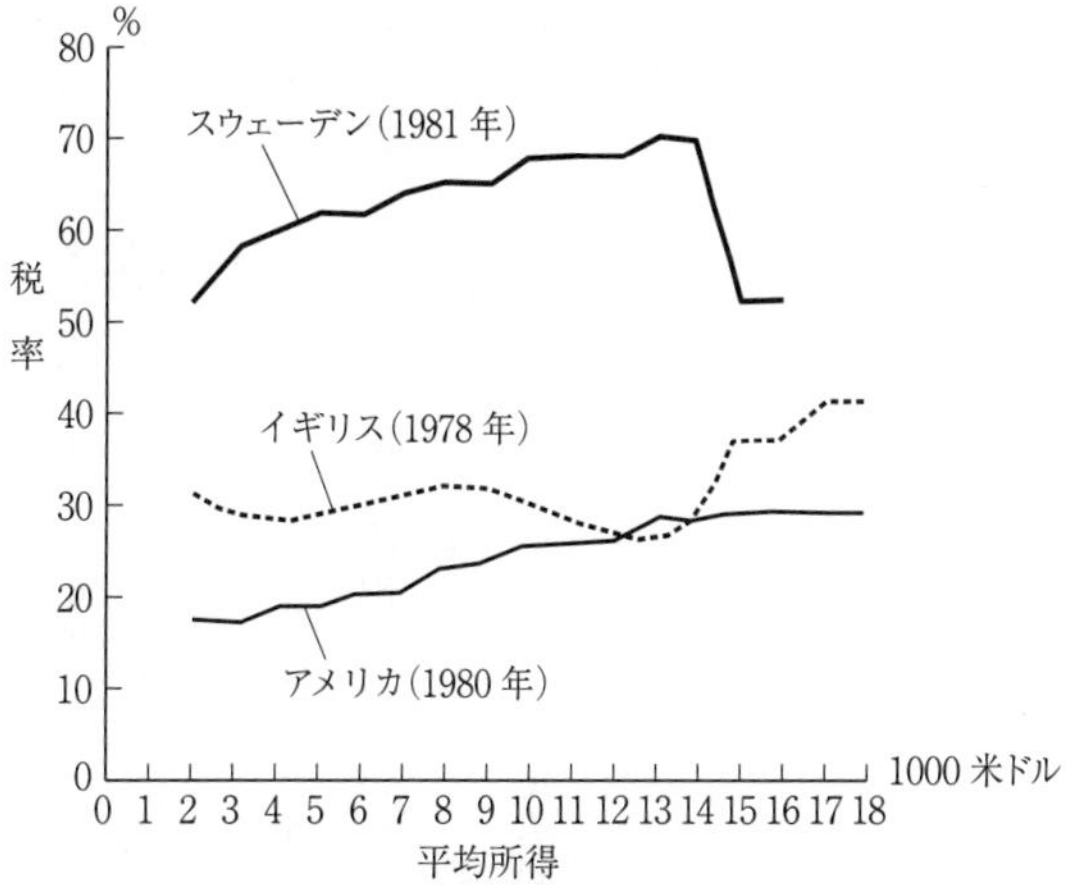

出所：Steinmo, Sven, *Taxation and Democracy*, Yale University Press, 1993（スヴェン・スティンモ，塩崎潤・塩崎恭久訳『税制と民主主義』今日社，1996年）

図5-4　所得に占める実効租税負担の割合

アメリカとスウェーデンと租税負担構造を比較して指摘しなければならない点は、すべての所得階層において、スウェーデンのほうが租税負担が高いということである。つまり、「大きな政府」であれば逆進的で、「小さな政府」であれば累進的にならざるをえないのである。

「分かち合い」で生きていく社会であれば、貧しい国民も負担し合う。租税さえ支払えば、無償の公共サービスで生活を営むことができる。つまり、「分かち合い」で生きていくことができるからである。政府が秩序維持機能しか担わず、自己責任で生きていく社会を目指すのであれば、秩序維持機能の負担は富める者が負担する。それだからこそアメリカは、所得税・法人税中心の租税制度となっているのである。

ところが、日本はアメリカと同様に、「分かち合い」の「小さな政府」を目指している。しかし、自己責任で生きていく社会なので、秩序維持機能の費用は、アメリカのように貧しき者は負担しなくてもよいとはいわない。自己責任で生きていけという一方で、ヨーロッパを見習い、貧しき者も消費税を負担しろという。

しかし、ヨーロッパは「分かち合い」の社会である。日本は支出では「分かち合い」をせずに、租税で消費税を増税しようとしても無理である。もしこれを強行すれば、社会統合が破綻することは目にみえている。

第6章　人間として、人間のために働くこと

労働規制をどうみるか

人間の歴史を侮辱してはならない。人間の歴史は人間がより人間的に発展していく歴史である。つまり、人間が人間の生命を使用した活動を、人間的特色を充実させるように発展させていかなければならない。たとえ明日、人間の歴史が終わりを告げようとも、人間はその瞬間まで人間的になる努力を続ける必要がある。

新自由主義は一見すると技術革新を推進し、新しい経済モデルを発展させようとしているかの如くに思える。しかし、新しい経済モデルを追求しているとしても、それは人間をより人間的に発展させようとするモデルではない。

新自由主義は政府が「大きい」こととともに、政府が加える市場への規制を批判する。こうした政府の規制活動こそが、市場を硬直的にして活力を奪っていると主張する。

しかし、市場は政府が強制力を背景に所有権を設定し、ルールを設定しなければ機能しない。市場のルールではなく、規制だと新自由主義が批判する矛先は、生産物市場のルールとは相違している労働市場のルールに向けられる。

生産物市場で取引される対象は、人間が創造主として生み出した生産物である。したがって、創造主である生産者に、所有権を設定することが容易である。

ところが、労働市場で取引される労働は、人間が創造主ではない。そもそも市場社会は、人間を所有の対象とはしないことで、人間を解放した社会である。したがって、労働市場は人間そのものを取引の対象とはせずに、労働を一定期間賃貸するレンタル市場となっている。つまり労働市場は、一定の時間を決めて提供される労働と賃金とが交換される市場となっている。

しかも、人間を所有の対象とはせずに、人間を解放することを掲げた市場社会は、労働市場に対して生産物市場とは相違するルールを適用せざるをえない。これが労働市場に対する規制である。

もっとも、労働市場への規制は、人間が人間的に発展していくための戦いによって、勝ち取られたものである。つまり、労働組合を中心として働く人間が、戦い取ってきた「血の代償」ともいえるべきものである。

一九二九年の世界恐慌への対策として、フランクリン・ルーズベルト大統領はニューディール政策を、失業救済や公共事業による景気回復策として実施した。こうした前期のニューディール政策を、労働者の団結権や団体交渉権を保障するワグナー法の成立など、第二次大戦後の福祉国家に結びつく後期のニューディール政策へと転換させたのは、激しい労働争議によってであった。

一九七九年のイギリスのサッチャー政権を皮切りに、一九八一年のアメリカのレーガン政権、一九八二年の日本の中曽根政権と、新自由主義を掲げた政権は、労働組合運動の弾圧に多くの力を注いだ。労働者が労働組合として組織され、交渉力を強めることで、賃金上昇と社会保障の拡充が進められ、それが利潤の圧縮をもたらしている。結果として生起しているスタグフレーションを解消するには、労働組合を弾圧して、その交渉力を弱め、労働市場への規制を緩和するとともに、社会保障を圧縮して「小さな政府」を実現しなければならないと主張されたのである。

一九七九年から現在にいたるおよそ三〇年の期間は、労働組合にとっては「危機の三〇年」とみることもできる。労働組合にとっての「危機の三〇年」は、国民にとっての「危機の三〇年」でもあるといいかえても過言ではない。それは暗い過去へと歴史の針を逆戻しする反動の嵐が吹き荒れ、「歴史の踊り場」に耐えた三〇年ということができる。

市場原理主義の神話

神話は危機の時代に生まれる。危機の時代に、この世界を解決する物語として、神話は形成される。それは昔も今も変わらない。新自由主義は労働組合を弾圧するにあたって、神話を創造した。それは耳ざわりのよい「市場の神話」である。

市場の神話は、市場を神として崇めることを求める。市場による分配こそが、公正な分配だからだと唱える。すべてを市場に任せれば、アダム・スミスのいう「神の見えざる手」が作用し、公正な分配が実現すると信じさせようとするからである。

もっとも、アダム・スミスは「神の見えざる手」とは一言もいってはいない。アダム・スミスは「見えざる手」と表現しているにすぎない。しかし、そうだとしても、それは神のなせる業だと、新自由主義者は主張する。それは市場が社会に対する貢献に応じて所得を分配するからである。

新自由主義者は次のように説く。市場ではより多くの人々の欲求を充足すれば、より多くの所得が分配される。より少ない人々の欲求を充足することしかできなければ、より少ない所得しか手にすることができない。つまり、市場では社会に対する貢献に応じた所得が分配されるが故に、公正であると主張する。

ところが、貢献に応じて公正に分配されている労働市場に労働組合が圧力を加えれば、それは正義に反する。もちろん、政府が労働市場に介入して、最低賃金を設けたり、労働契約で労働者を保護することも公正ではない。さらには政府が市場での所得分配に対して、社会保障や租税によって再分配すれば、公正な所得分配を歪めてしまう。新自由主義者はこのように主張する。

新自由主義者らの論理にしたがえば、弱い立場にある者を精神的に痛めつける行為で人気を獲得するテレビタレントは、多くの人々の欲求を充足しているが故に、巨万の所得を手に入れることができる。子どもたちの給食のために、黙々と食器を洗う人々は、社会に対する貢献が少ないが故に所得が少ないということになる。

市場で少ない所得しか稼ぐことのできない者は、社会に貢献する努力を怠る怠け者であると、新自由主義者は考える。市場に介入して、そうした怠け者を救済しているからこそ、経済が活性化しない。市場に介入せずに、自由放任にすれば、努力する者が報われる社会となる。努力する者が報われる社会こそが、公正で効率的な社会なのだ。このように新自由主義、というよりも市場原理主義は主張する。

市場原理と民主主義の相違

こうした市場の公正性を強調するだけでなく、市場原理主義者はしたり顔で、次のようにも主張する。すなわち、市場原理こそが究極の民主主義なのだと唱えるのである。市場では契約自由の原則にもとづいて、誰に強制されることもなく、財・サービスを自由に選択することができるからである。

しかし、市場での選択は民主主義とは相反することを忘れてはならない。民主主義ではすべての社会の構成員に、同じ権利が与えられて決定する。簡単に表現すれば、一人一票の権利が与えられて、その社会の意思が決定される。

ところが、市場では社会の構成員に、同じ権利が与えられるわけではない。市場では購買力に応じて、権利の大きさが決定される。つまり、所有する貨幣量に応じて、決定権が行使されることになる。

そうなると、豊かな者が決定権を握ることになる。つまり、豊かな者が要求するような財・サービスが市場で供給されるようになる。貧しき者の生活を支えるような財・サービスは、市場では取引されることが少なくなってしまう。社会全体として、どのような財・サービスを生産するのかを、豊かな者が決定してしまうようになる。

そうだとすれば、市場では社会の貢献に応じて所得が分配されるという命題も、迷信であることが理解できるはずである。市場では豊かな者の欲求を充足するか否かによって、所得が決定されてしまう。購買力の少ない貧しき者の生活に必要な財・サービスを生産しても、市場では少ない所得しか分配されない。それに対して豊かな者の欲求を充足する財・サービスを生産すれば、市場では多くの所得が分配されることになる。

市場ではより多くの人々の欲求を充足したから、より多くの所得が分配されるわけではない。市場ではより大きな購買力が求める欲求を充足することで、より多くの所得が分配されるのである。

市場への信仰を迫る新自由主義の神話では、豊かな者が決定する欲求を充足することが、社会への貢献だとすり替えられてしまう。貧しき者の生活を支えるために、額に汗して働く者は、愚かな怠け者と断罪されてしまうのである。

市場の決定権と民主主義の決定権とは相反する。市場では購買力の豊かな者が決定権を握るのに対して、民主主義ではすべての社会の構成員が同じ決定権を握る。富者の傭兵である市場原理主義者は、「市場の神話」を布教する。それは市場では、富者が権力を握れるからである。

自己の利益と他者の利益

「市場の神話」の魔力は、自由にある。市場原理主義者は説く。人間は自己の人生を自由に生きることができると。この言葉に、良心的な市場原理主義者は、あわてて次のように付け加えるだろう。それは他者に迷惑をかけない限りにおいてであると。

市場では自由が保障されている。市場での取引は、取引の当事者以外の他者に影響を与えることができない。しかも、当事者の双方に利益を与える。自己に利益がないと思えば、市場に参加しなければよい。人間が自己の利益にかかわることだけに行動することができる仕組み、それが市場なのだ。このように「市場の神話」は語り聞かせる。

フランスの数学者パスカル(Blaise Pascal)は、その著書『パンセ(*Pensées*)』で、「人間は自然のなかで最も脆弱な一本の葦にすぎない」と述べた上で、「しかし、それは考える葦である」と、人間の偉大さを指摘した。人間は個人の存在としては、一本の葦のように脆弱な存在である。しかし、人間には創造力がある。しかも、人間は仲間を形成して問題を解決する術を知っている。人間は仲間を形成して、厳しい自然のなかで生存を維持してきた「社会的動物」なのである。

既に述べたように、社会(society)とはラテン語の「仲間(socius)」に語源がある。人間の行為で自己にだけ関係する行為など存在しない。個人的行為に見えても、それは仲間という他者に必ず影響を与えるという社会的意義がある。

「市場の神話」を説く者は、自己利益という個人的意義だけに目を向けさせようとする。新自由主義にとっての恐怖は、人間が人間の行為の社会的意義を考えるようになるのではないかという危惧である。人間は孤立した存在ではなく、相互に結ばれ合っているという真理に気づかれてしまうと、「市場の神話」の魔法が効力を失ってしまうからである。

「市場の神話」は人間が自己利益の最大化を追求して、競争することを求める。個人の自由と貢献度による分配を実現する市場のもとで、個人が自己利益を求めて競争することによって、効率と公正が達成されると説くからである。

「市場の神話」では人間が他者と接触するのは、他者が自己の利益になる時だけであると信じ込ませようとする。市場における契約関係とは、まさに他者が自己の利益になると、双方が思った時に成立する。

ところが、他者の利益は自己の利益であると人間が考えるようになると、「市場の神話」は成立しなくなってしまう。他者の利益が自己の利益だという原理は協力原理という「分かち合い」を支える論理である。協力原理は「仲間」の形成によって成立する。つまり、「私」の利益ではなく、「われわれ」の利益を求めるようになるからである。

分断される正規従業員と非正規従業員

「われわれ」という「仲間」が形成されると、市場の神話は打ち破られる。同じように努力をしているのに、ただ富者の欲求に貢献しないという理由だけで貧しさを強いられるのかと、人々から異議申し立てがなされるからである。

そのため「市場の神話」は、「仲間」の分断を図る。市場の神話に帰依させるために採られた手段は、常に「仲間」の分断である。その一つとして利用されるのが、労働組合に組織される者と、労働組合に組織されない者との分断である。労働組合に組織されている者に、組合費を支払っていない「仲間」でもない者のために、なぜ救済の手を差し向けなければならないのかと問い、共に働く「仲間」の間を分断させようとするのである。

分断の論理を受け入れると、「市場の神話」を信仰することになる。「仲間」ではない者とは協力しないという論理は、自己と関係のない他者とは協力しないという論理となり、他者との協力を拒否することになるからである。

労働組合の協力原理が分断されることで、労働市場への規制緩和と社会保障の切り捨てが生じ、日本には新しい貧困社会が現出してしまっている。正規従業員のみが加入できる労働組合は、加入していない非正規従業員の権利の擁護を視野に入れようとはしない。権利擁護から外された非正規従業員は安易に切り捨てられ、人間らしい生活を営むことさえできなくなってしまう。

敢えて繰り返すと、日本の企業は家族的な擬似共同体であった。そのため企業に就職することは、企業という家族の一員になることと観念され、労働市場で労働契約を結ぶことだとは認識されない。日本で「契約社員」といえば、労働契約を結んだ正規の従業員を意味しない。正規従業員は労働契約を結んでいるのに、「契約」しているとは観念されないからである。

正規従業員の賃金は、労働市場における需要と供給で決定されるというわけではない。正規従業員は企業という家族の一員であるので、終身雇用と年功賃金、つまり雇用保障と生活保障がなされているからである。

ところが、非正規従業員の賃金は違う。労働市場における需要と供給で決まり、景気が良い時には上昇するけれども、景気が悪化すれば、賃金は激減する。

若き頃、私は民間企業で人事管理に従事していたことがある。その頃は、高度成長期の人手不足で季節工や期間工の賃金は急上昇し、入社数年の正規従業員の賃金さえも上回っていた。そうした時に生じる正規従業員の不満に対しては、非正規従業員は社会保障に加入できないので、ひとたびリスクに襲われると、何の保障もないのだと説得していたのである。

日本では企業の従業員の三分の一が非正規従業員となっている。つまり、日本の社会は社会の構成員の三分の一を、「仲間」から排除する「三分の二社会」に陥ってしまったといわれる所以《ゆえん》である。

労働市場の二極化を克服するための三つの同権化

一九九〇年代後半から、労働市場の規制が急速に緩和され、低賃金や解雇の容易性というメリットから、企業は非正規従業員を激増させていった。しかも、産業構造が知識産業やサービス産業を基軸とする産業構造に移行しつつあるのに、日本では対人社会サービスが保障されないため、フルタイムの従業員とパートタイムの従業員へと分断されてしまうことは既述したとおりである。

こうした二極化する労働市場を克服するための基本戦略は、三つの同権化を実現することだといってよい。三つの同権化とは賃金の同権化、社会保障の同権化、労働市場参加の同権化のことである。

第一の賃金の同権化とは、同一職務であれば、同一賃金を保障するということである。つまり、同一職務であれば、同一賃金を支払い、正規従業員や非正規従業員という身分による賃金格差を解消することである。

第二の社会保障の同権化とは、正規従業員や非正規従業員という身分によって社会保障への加入に格差があることを解消することである。社会保障負担をすべて事業主負担とし、企業の支払う賃金総額の一定比率で社会保障負担を徴収すれば、社会保障の同権化は容易に実行可能である。

最後の労働市場参加の同権化とは、育児サービスや高齢者福祉サービスなどの対人社会サービスを、公共サービスとして提供することにより、家族内での無償労働から解放して労働市場への参加を保障することが基本となる。それに加えて、新しい労働市場への参加を保障する教育、職業訓練、再教育や再訓練などの整備も、労働市場への参加保障に含まれることを忘れてはならない。

三つの同権化とは労働市場をめぐる三つの局面での同権化を意味する。つまり、賃金を決定する労働市場そのものでの同権化、労働市場の結果に対して生活保障をするという事後の同権化、さらに労働市場への参加という事前の同権化である。

日本における生活保障は、主に企業と家族という二つの共同体によって担われてきた。しかし、今や日本的経営が崩れ、家族機能も縮小していることは、既に指摘したとおりである。この三つの同権化は、崩れていく日本的生活保障を克服するとともに、未来へ向けた人間解放の基盤ともなる。日本でもかまびすしく議論されているワークシェアリングも三つの同権化なしには、未来への前進を促すものとはならないのである。

ワークシェアリングとは、労働者同士で仕事を分け合うことである。しかし、その本来の目的は、人間が生存のために「人間が自然と闘う時間」とも呼ぶべき労働時間を削減し、人間が人間として生活する時間を拡大することにあることを忘れてはならない。

ところが、日本で推進されているワークシェアリングとは、賃金が低下していくもとで、雇用を維持することが目的とされている。というよりも、もっぱら賃金を低下させていくことに焦点が絞られている。それは三つの同権化が追求されていないからである。

「同一労働、同一賃金」の確立

同権化とは「分かち合い」であり、協力原理を意味していることを忘れてはならない。三つの同権化のうち第一の同権化は、「同一労働、同一賃金」の原則であるけれども、それは働く者による労働の成果の「分かち合い」でもある。つまり、働く者が分かち合い、協力し合うことを阻害するような賃金の支払いを認めないことを意味する。

「同一労働、同一賃金」の原則からすれば、同一労働に従事している限り、正規従業員であろうと、非正規従業員であろうと同一の賃金を支払わなければならない。それだけではない。黒字会社に勤務していようと、赤字会社に勤務していようと、同一労働である限り、同一賃金が支払われることが原則となる。

そうなると、そもそも最低賃金を設けることにも意味がなくなる。つまり、国際的にも広範に容認されている「同一労働、同一賃金」の原則を確立すれば、最低賃金制をめぐる問題も解消されることになる。

もちろん、働く者の生活は賃金と社会保障給付で保障されている。賃金だけではなく、社会保障給付も「分かち合い」で同権化されると、働く者の生活は「分かち合い」で保障される。

このように賃金も社会保障給付も同権化されると、企業の労働費用が高まり、雇用の確保が困難になると批判される。しかし、私たちが生を受けている時代が歴史の「峠」であることを忘れてはならない。より人間的な社会へと産業構造を転換させるためには、三つの同権化が必要なのである。

フレキシキュリティ戦略に学ぶ

労働市場の二極化を克服するための三つの同権化という基本戦略は、より人間的な社会を実現する基本条件ともなる。

既に述べたように、アメリカン・モデルを拒否したヨーロッパ社会経済モデルは、大きくヨーロッパ大陸モデルとスカンジナビア・モデルとに分類することができる。いずれのモデルも福祉と雇用を重視するという従来のヨーロッパ社会経済モデルのメリットを生かしながら、新しい状況のもとでヨーロッパ社会経済モデルの再創造を目指している。

表5-1(一三一頁)でみたように、ヨーロッパ大陸モデルにせよ、スカンジナビア・モデルにせよ、「大きな政府」であるヨーロッパ社会経済モデルでは、「小さな政府」を追求したアメリカや日本のようなアングロ・サクソン・モデルと相違して、格差や貧困を溢れ出させていない。しかし経済成長という視点からすると、スカンジナビア・モデルのスウェーデンが高い成長率を誇っているのに対して、ヨーロッパ大陸モデルのドイツが低い成長率に苦しんでいる。

こうしたヨーロッパ大陸モデルのドイツと、スカンジナビア・モデルのスウェーデンとの経済成長における相違の謎を解くために、図6-1をみられたい。この図はそれぞれのモデルを代表する国々の雇用の弾力性を比較して示したものである。この図で数値の低いほうが、雇用の弾力性が高い。雇用の弾力性とは、解雇の容易性だと考えてよい。数値が低ければ解雇が容易であり、高ければ解雇が困難であることを示す。

二〇〇八年でみると、数値の最も高い国はドイツである。つまり、雇用の弾力性が最も低い国はドイツとなる。最も雇用の弾力性の低いドイツは、解雇が困難な国だということができる。

スウェーデンの雇用の弾力性は、ドイツよりも高くなっているが、二〇〇八年以前はドイツよりも低い。つまり、スウェーデンでは雇用の弾力性を高めているといってよい。

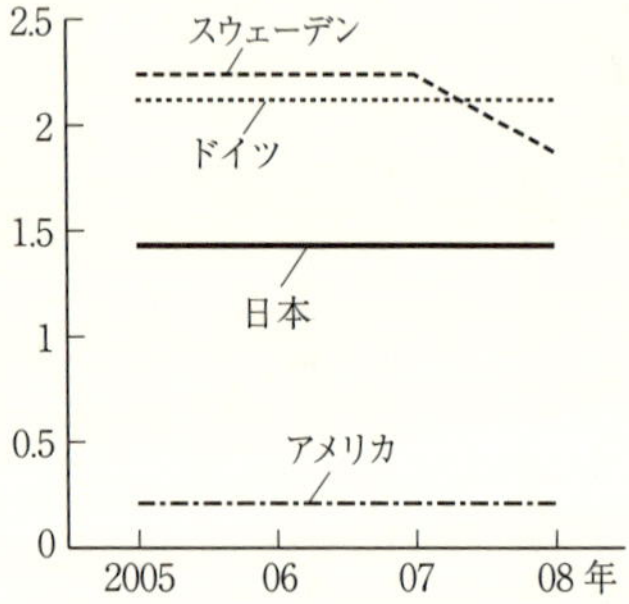

出所：OECD, Online OECD Employment database をもとに三重県政策部企画室作成

図 6-1 雇用弾力性の比較

表 6-1 積極的労働市場政策(2003 年)

	積極的労働市場政策支出の対 GDP 比
アメリカ	0.15%
ドイツ	1.25%
スウェーデン	1.28%
日本	0.30%

出所：OECD, Social Expenditure Database, Employment Outlook, Society at a Glance

本来、雇用を保証するには、解雇を容易にさせないようにすること、つまり雇用の弾力性を低める必要がある。アメリカは最も雇用の弾力性が高く、日本も雇用の弾力性が高い。

ところが、アメリカや日本の場合と、スカンジナビア諸国の場合では、雇用の弾力性を高めている目的がまったく異なる。スカンジナビア諸国が雇用の弾力性を高める目的は、産業構造を転換していくことにある。つまり、旧来の衰退している産業から、知識産業など新しく成長していく産業へと労働者を転換させるために、雇用の弾力性を高めているのである。

第3章でも述べたように、成長産業へ労働者を移行させるためには、再教育、再訓練などの積極的条件を整備しなければならない。これを積極的労働市場政策と呼ぶ。表6－1をみれば、スウェーデンの積極的労働市場政策への支出が対GDP比で最も高い。ドイツも高いけれども、必ずしも産業間を移動させるためには有効に機能していない。これに対して日本やアメリカは著しく低いことがわかる。

旧来産業から新しい成長産業へ労働を移動させるために、雇用の弾力性を高めていくという政策を象徴するのが、デンマークが明示的に訴えている「フレキシキュリティ(flexicurity)」という戦略である。フレキシキュリティとは、「柔軟性」を意味する「フレキシビリティ(flexibility)」と、「安全」を意味する「セキュリティ(security)」とを合成した造語である。つまり、労

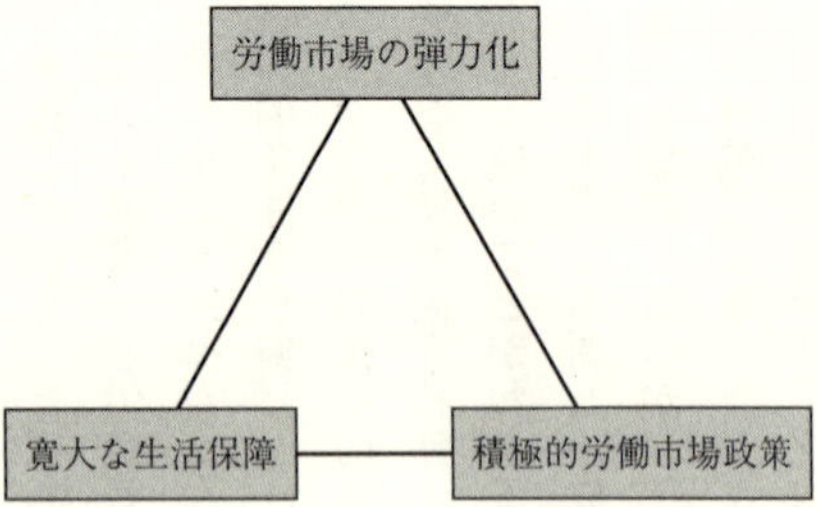

図 6-2　フレキシキュリティ戦略の仕組み

働市場の弾力性（フレキシビリティ）を高めるとともに、生活の安全保障（セキュリティ）は強化するという政策が、フレキシキュリティという戦略である。

生活の安全保障として、失業者の生活を保障するために手厚い社会保障を整備する。しかし、それだけではなく、アクティベーション（activation）、つまり失業者に対する再教育や再訓練という積極的労働市場政策によって、新しい就業を保障していく。すなわち、失業しても生活が保障されるだけでなく、新しい就業へ就けるように、社会的セーフティネットを社会的トランポリンに張り替えているといってよい。

衰退していく重厚長大の旧来産業にいつまでも固執して就業しないように、解雇を容易にする。しかも、生活を保障し、新しく成長していく産業へと就業を移すために、再教育や再訓練を実施していく。それがフレキシキュリティと呼ばれる戦略の目標である。

図6－2に示したように、フレキシキュリティは労働市場の弾力化、寛大な生活保障、アク

ティベーションつまり積極的労働市場政策という活動保障の三極から成立する。これが「黄金の三角形」と讃美されるフレキシキュリティの戦略である。

スウェーデンにみる積極的労働市場政策

知識社会への転換を提唱しているスウェーデンも、労働市場を弾力的にしながら、積極的労働市場政策を進めている。スウェーデンでは失業者に対して、失業保険による手厚い「所得保障」と、就労支援である「活動保障」をセットで提供している。失業前の所得の八〇％程度が失業保険として約一四カ月支給される。さらに失業して六カ月間就労先が見つからなければ、職種転換・再就職のための活動保障プログラムに移行する。

活動保障プログラムの参加者には、生活を保障する職業訓練手当が支給され、再教育や再訓練が実施されることになる。しかも、プログラム参加者を試験的に雇用する企業には、賃金の七五％が補助され、再就職へのスムーズな移行が図られる。

こうした積極的労働市場政策は、「誰でも、いつでも、どこでも、ただで」を原則にしたやり直し可能な「リカレント教育（Recurrent Education）」と有機的に関連づけられている。リカレント教育とは、学校教育を終えた後も、生涯にわたり学びつづけることのできる制度である。

一九六九年にフランスで開催された第六回ヨーロッパ教育会議において、スウェーデンのパルメ(Olof Joachim Palme)教育大臣が提唱した言葉である。

リカレント教育を進めるスウェーデンでは、教育休暇法によって、在職者がステップアップする目的で、教育を受けるための休暇を取得することが保障されている。教育期間中の生活費は政府が融資する教育ローンによって保障されている。勤務期間が二年を超えれば、最長で一年間の教育休暇を取得でき、この期間中は賃金の六八％が教育手当として受給できる「サバティカル(長期休暇)制度」すらある。

こうした休暇中の職務は、代替雇用によってリリーフされる。教育休暇以外にも育児など多くの権利として休暇があるため、失業者も代替雇用のリリーフで就労可能となる。

ワークフェア国家への転換

産業構造の転換を推進するために、産業構造の転換にともなう労働市場への参加条件を保障しようとする政策を「シュンペーター的ワークフェア国家(Schumpeterian Workfare State)」と呼ぶことができる。デンマークやスウェーデンなど、スカンジナビア諸国では、福祉つまり「ウェルフェア(welfare)」を「ワークフェア(workfare)」すなわち「働くための福祉(welfare to work)」

へと発展させているということができる。

ワークフェアといっても二つのタイプがある。一つは、新自由主義の唱えるワークフェアである。つまり、貧困の原因が怠惰にあるとして、社会保障給付に就労を課していくという意味でのワークフェアである。もう一つは、能力開発型のワークフェアである。スカンジナビア諸国が採用しているのは、この能力開発型のワークフェアとなる。衰退する産業から新しく成長する産業へ転換していくという明確なヴィジョンによって裏打ちされているのである。

スカンジナビア・モデルが雇用の弾力性の強化を積極的労働市場政策とセットにして進めているのに対して、日本にしろアメリカにしろアングロ・サクソン・モデルでは、労働市場の弾力性を強める目的は、賃金を低下させることにある。合理化を推進して可能な限り、人間的能力を必要としない単純労働を創り出すとともに、労働市場への規制を緩和して、低賃金を実現していく。日本に関していえば、「インド以下的賃金」(一九三四年刊行の山田盛太郎『日本資本主義分析』の中で、当時の女工紡績など「半封建的労働者」の低賃金状況を指して、こう表現した)の再現によって、国際競争力を強めることが至上目的とされたのである。

しかし、既にみたようにスカンジナビア諸国では産業構造を転換することが追求される。スカンジナビア諸国がドイツより高い経済成長を達成しているのは、産業構造の転換を実現したことに起因する。労働市場の弾力性の低さに示されるように、ドイツは依然として旧来型の産業に足を引っ張られているために、経済成長が停滞してしまうのである。

もっとも、再教育や再訓練という積極的労働市場政策についていえば、表6‐1（一六四頁）に示したように、ドイツも必ずしも低い水準というわけではない。しかし、ドイツの積極的労働市場政策は産業間の移動を実現するようには機能していない。

これに対して日本もアメリカも、積極的労働市場政策には皆無といってよいほど、力を注いではいない。人間的社会を追求して、産業構造の転換を図る気がないからである。

日本にいたっては、先進国から一周遅れで重化学工業化を推進する中国やインドに対抗するために、低賃金と低税率を求めている。一周遅れの重化学工業化といっても、後発の利益が中国やインドに発生するため、より生産性の高い設備が中国やインドに設置されてしまう。そのため、より一層の低賃金と低税率が、異常なまでの熱意を込めて追求されていく。

経済成長の進展と格差・貧困の抑制を両立

産業構造の転換を推進する意欲の乏しい日本では、新しく生み出される労働市場へ参加する活動保障支援のサービス給付が小さいだけではない。

家族内で無償労働に従事している者に対して、労働市場への参加を保障するサービス給付も制限されている。

産業構造を転換して知識社会に移行しようとすれば、現金給付による社会的セーフティネットをサービス給付による社会的セーフティネットに張替える必要があることは、既に指摘した。そうしなければ格差や貧困が溢れ出て、しかも産業構造も転換しないからである。

さらにいえば、いくら社会的セーフティネットが大きくても、それが現金給付に主軸が置かれ、サービス給付の割合が低ければ、知識社会へと産業構造の転換をうながすことは難しく、その効果には限界がある。既に図3-1（八二頁）で確認したように、スカンジナビア・モデルのスウェーデンはサービス給付に重点を置いている。その一方でドイツは、年金である「老齢現金」、疾病保険である「保健医療」などの現金給付に関していえば、スウェーデンを上回っている。児童手当である「家族現金」については同程度である。ところが、養老サービスである「高齢者現物」、育児サービスの給付である「家族現物」では、スウェーデンがドイツを大きく上回っている。

サービス給付に社会的セーフティネットがシフトしていないドイツは、スウェーデンよりも格差や貧困が抑えられていないだけでなく、経済成長も低くなってしまっている。そもそも社会的セーフティネットが小さく、サービス給付もわずかなアメリカや日本では、格差や貧困が溢れ出てしまっていることは、繰り返し指摘してきた。スカンジナビア諸国が高い経済成長率を誇り、賃金も上昇し続け、格差・貧困を抑えているのとは対照的な状況である。

ドイツもスウェーデンと同様に社会福祉による生活保障が充実しているのに、格差も貧困もスウェーデンより大きいのは、現金給付からサービス給付に社会福祉がシフトしていないからである。ドイツが経済成長で停滞的なのと同様の理由である。つまり、ドイツは産業構造を転換させる条件を整備していないといえる。

繰り返し指摘するように、産業構造が転換し、知識産業やサービス産業が基軸産業となると、性別にかかわりなく、すべての社会の構成員が労働市場に参加することになる。参加を保障するためには、サービス給付を充実させるなど条件を整備しなければならない。

しかも、サービス給付で産業構造の転換にともなう労働市場への参加を保障するとともに、新しい労働市場の要求する人間の活動が保障されていかなければならない。積極的労働市場政策による再教育・再訓練とともに、人間の人間的な活動を支援する教育や職業訓練などでの活動保障が必要となる。こうした参加保障と活動保障によって産業構造の転換が実現しなければ、日本がただひたすら追求する経済成長さえも達成はできないのである。

第7章　新しき「分かち合い」の時代へ

――知識社会に向けて

ポスト工業社会への動き

「危機の時代」とは古き時代が崩れ落ち、新しき時代が産声をあげる歴史の大転換期である。滅びゆく古き時代は、誰の目にも明白になっている。それは重化学工業を基軸とした工業社会である。

もちろん、産声をあげようとしている新しき時代がどのようなものなのかは、誰にもわからない。しかし、新しき時代とは工業社会よりも、より人間的な時代となっている必要がある。人間の欲求には「所有欲求」と「存在欲求」がある。「所有欲求」とは外在する物質を所有したいという欲求である。「存在欲求」とは人間と人間が調和する、さらには人間と自然とが調和することによって充足される欲求である。すなわち、「分かち合い」によって充足される欲求だといってもよい。

人間は「所有欲求」を充足すると、「豊かさ」を実感する。人間は「存在欲求」を充足すると、「幸福」を実感する。人生を振り返れば、「幸福」は親との触れ合い、愛する者との触れ合いなど、人間と人間が触れ合い、「分かち合い」のうちに実感していることがわかるはずであ

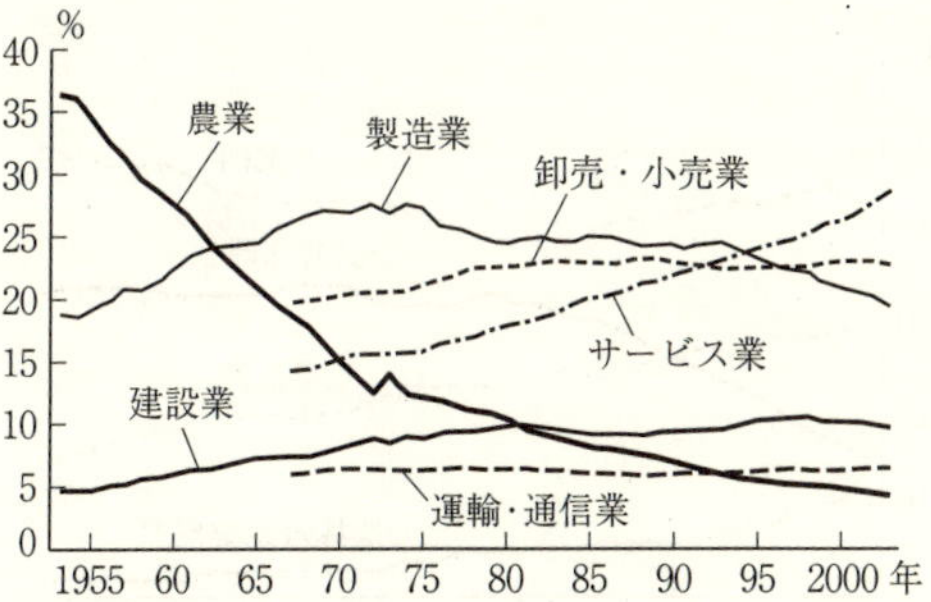

出所：総務省「労働力調査」をもとに作成
(注) 各年の数値は 1-12 月の平均をもとに算出

図 7-1　日本における就業構造の変化(1954-2002)

る。

工業社会とは「存在欲求」を犠牲にして、「所有欲求」を追求してきた時代である。欠乏という人間社会の課題に取り組まなければならなかったのである。

ポスト工業社会とは、工業社会が犠牲にしてきた「存在欲求」が充足されることを追求できる社会となる必要がある。つまり、人間の人間的な欲求である「存在欲求」そのものを追求できる社会が、ポスト工業社会なのである。

ポスト工業社会の動きは既に始まっている。図7-1で日本における産業別就業者の推移をみれば、サービス業の就業者が一貫して増加し、一九九〇年代の後半から、トップに君臨している。これに対して農業とともに製造業の従事者は大幅に減ってきている。もっとも、日本は工業社会からの転換が遅れているので、

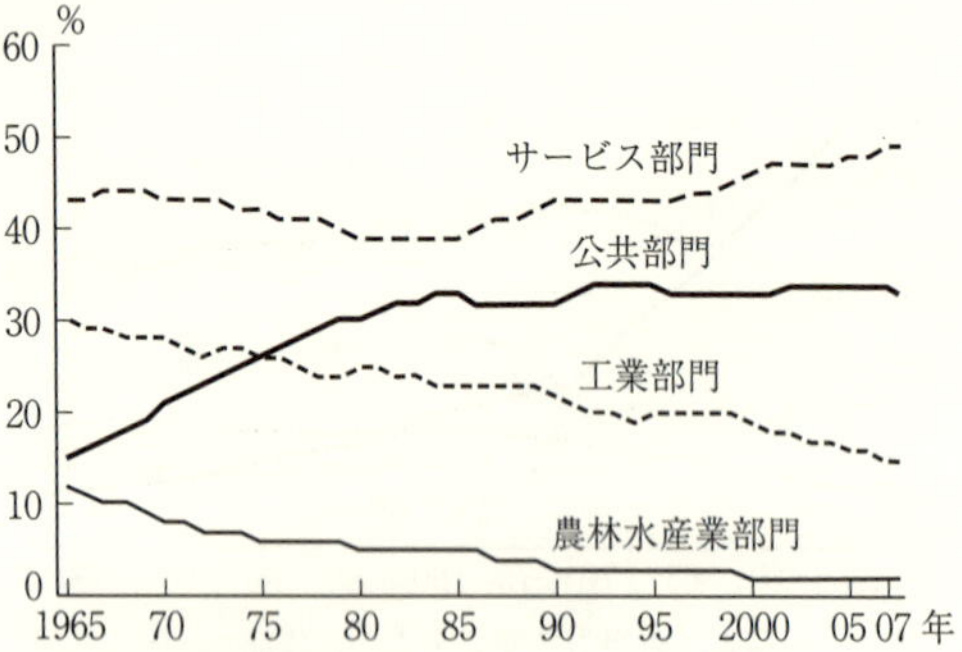

出所：ekonomifakta ホームページより作成（http://www.ekonomifakta.se/sv/Fakta/Arbetsmarknad/Sysselsattning/Strukturforandringar-i-sysselsattningen/）

図 7-2　スウェーデンにおける就業構造の変化（1965-2008）

農業の就業者は一貫して減少していくが、一九七〇年代の前半まで製造業の就業者は増加傾向をたどっている。

工業社会からポスト工業社会への転換に成功しているスウェーデンを図７－２でみると、農林水産業部門とともに、工業部門も減少していき、サービス部門と公共部門という民間と公共のサービス提供に圧倒的多数が就業している。

ポスト工業社会への転換の遅れている日本をみても、脱工業社会への波は打ち寄せている。しかも、サービス業は増加しているが、卸売・小売業、飲食業などという伝統的な第三次産業は頭打ち傾向にある。増加しているサービス業の従事者は、専門職や技術職といわれる産業の従事者である。つまり、弁護士などの法律家、会計士や経営コンサルタント、設計士やデザイナー、プログラマーなどの情報処理技術者、これに医師、看護師、療法士などの医療従事者に、保育士、介護福祉士、ソーシャルワーカーなどの福祉関係者が加わっている。

しかも、製造業においても専門性を要求される技術者、企画管理者の比重が急速に高まっている。つまり、知識が要求される職務が急速に増加しているのである。

知識社会への転換

経済とは人間が自然に働きかけて、自然から人間にとって必要不可欠な有用物を取り出す活動であると捉えることができる。そう考えると、いかなる時代の経済活動においても、人間は自然に存在する物量に、知識を加えて生産活動を営んできた。

鉄の矢尻を鉄鉱石から製造する時にも、自然に存在する物量に、知識量を加えるようにして製造する。しかし、鉄の矢尻を製造する時よりも、心臓のペースメーカーを製造する時のほうが、自然に存在する物量に加える知識量は、飛躍的に増加することになる。

ポスト工業社会とは知識社会ということができる。もちろん、知識社会になったからといって、物づくりが姿を消すわけではない。経済とは人間が自然に働きかけて、人間にとっての有用物を創り出すことだからである。

しかし、ポスト工業社会である知識社会では、人間の知識や知恵というオブラートで包んで、有用物を作り出す。そのため高い人間的能力を必要とする職務が急増し、知識産業が産業構造の基軸を形成するようになる。

確かに、重化学工業を基軸とする工業社会は大量生産・大量消費を実現して、飢餓的貧困の恐怖を解消した。しかし、その代償として単純労働という人間の非人間的使用方法に忍従しなければならなかったのである。

ところが、飢餓的貧困の恐怖から解放され、人間の生存に必要不可欠な基礎的ニーズが充足されてしまうと、より高次な欲求が芽生えてくる。つまり、生理的欲求や安全欲求という低次な欲求が安定的に充足されると、社会的欲求、自我欲求、自己実現欲求という高次な欲求が生じてくることになる。それは前述した表現を使用すれば、「所有欲求」を充足するために犠牲にしていた「存在欲求」を追求するようになると言い換えてもよい。

低次な欲求が充足されていない時であれば、賃金という「飴」と貧困や失業を「鞭」として、単純労働という非人間的使用方法へと駆り立てることができた。しかし、高次な欲求が芽生えてくれば、人間の人間的使用方法を可能にする社会へ舵を切る必要がある。それが人間社会の進歩である。

大量生産・大量消費からの脱却

しかも、重化学工業による大量生産・大量消費は、こうした供給面で行き詰まるというだけでなく、人間の生活様式が変化するため、需要面でも困難に逢着する。大量生産・大量消費は、標準化され、画一化された生産物を大量に消費するために、同様に標準化され、画一化された生活様式を前提とする。

ところが、高次な欲求が芽生え、「量」から「質」への転換が始まる。つまり、大量生産・大量消費によって、人間の生存に必要不可欠な基本的ニーズが充足されてしまうと、人間はより清潔なもの、より美しいもの、より優雅なものなどを求めるようになる。

そうなると、消費財の需要は多様化する。大量消費を支えてきた画一的な需要が多様化すれば、大量生産・大量消費から、多様な需要に対応した多品種少量生産へと移行せざるをえなくなる。もちろん、単純労働化した部分労働では、多品種少量生産への対応は困難になる。

「量」を「質」に変換するのは知恵であり、知識であることを忘れてはならない。それは人間の人間的使用方法が追求されることだといってもよい。

大量生産・大量消費を実現した工業社会の最大の制約条件は、環境である。経済とは自然を変換させることにほかならない。大量生産・大量消費とは自然資源多消費型産業が形成されているということを意味する。このまま大量生産・大量消費をつづけていけば、自然が持続可能ではないことに誰もが気づき始めている。「量」を「質」に置き換えることは、人間と自然との最適な質量変換を追求することをも意味しているのである。

もちろん、自然に存在する物量に対して、追加する知識量を飛躍的に増加させれば、当然のことながら自然に存在する物量の使用は、飛躍的に節約される。いうまでもなく「量」が「質」に置き換えられれば、耐久性は向上する。使い易くなるばかりか、修理も容易となって、使用期間は長期化するからである。

それればかりではなく、大量生産・大量消費のもとでは生産の場と、生活の場、すなわち消費の場が離れているために、膨大な無駄が生じる。ところが、情報は生産の場と、消費の場を急激に近づける。つまり、あたかも注文方式のように、需要のあるもののみに限定して供給することができ、多様な需要に対応して、無駄のない多様な生産が可能になるのである。

知識社会の産業構造

知識産業を基軸とする知識社会が形成されるからといって、農業や工業が消滅するわけではない。人間は自然に働きかけ、人間の生存にとって必要不可欠な有用物を入手しなければならないからである。

自然に働きかけるといっても、その自然は生命ある生きた自然との接触であるといってよい。生命体をつくる有機物を創造できるのは、葉緑素のある緑色植物だけである。緑色植物は葉緑素によって太陽エネルギーを捉え、水と二酸化炭素から、光合成によって有機物を生成する生産者である。それ以外の生物は、食物連鎖で結びついている消費者にすぎないのである。

もちろん、人間も消費者である。機械さえあれば、生命さえも生産できるという考えは人間の傲慢な思い上がりである。生命ある自然との接触なしには、人間の社会の発展はありえない。大地への働きかけである農業は、人間の最も根源的な営みである。

それ故に大地への耕作(cultivation)は、文化(culture)を意味する。緑なす耕作地を未来の世代に残さなければ、人類の発展はありえない。それは人類の文化の継承が、人類の歓喜と義務であるからにほかならないからである。

工業は人間の根源的営みである農業の周辺から誕生する。糸を紡ぎ、機《はた》を織る繊維産業が農家の副業に起源のあることを想起すれば、それは容易に理解できるはずである。農業が生きた自然を原材料とするのに対して、農業の周辺から誕生した工業は死んだ自然を原材料とする産業なのである。

知識産業も工業の周辺から誕生する。機械に働きかける単純労働を包み込んだ工業の周辺で、企画や管理などの業務が拡大していくことから、知識産業が形成されていく。農業では、直接働きかける対象が自然であるのに対して、工業では直接働きかける対象が人間の創造した機械となる。これに対して知識産業では働きかける対象が、人間と人間の関係になる。

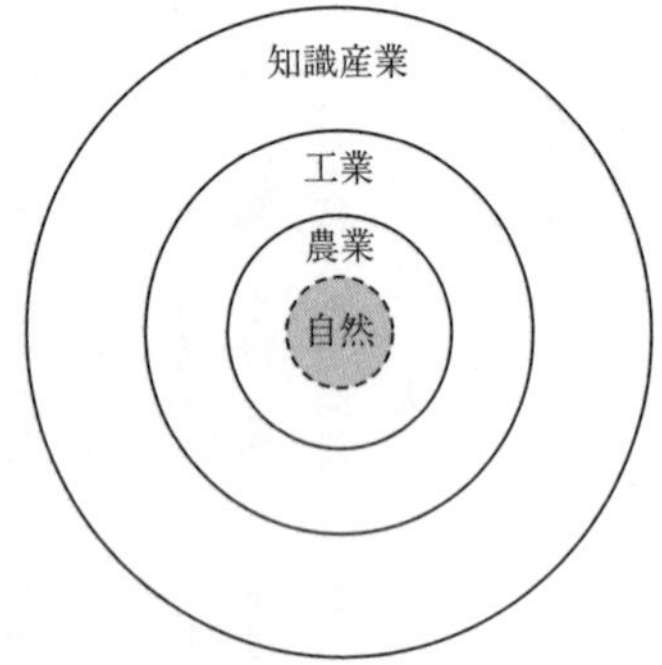

図 7-3　産業構造

知識社会の産業構造は、図7－3に示したように、中核に生ける自然に直接働きかける農業があり、その周辺に工業が存在し、表層を知識産業が被うことになることを理解したほうがよい。つまり、知識産業が基軸となる知識社会になっても、農業や工業が消滅するわけではない。もっとも、知識社会になると、農業にも工業にも、表層を被う知識産業の論理が浸透していく。それは工業社会で工業の論理が農業にも浸透していくことと同様である。

工業では人間が自然に働きかけるために創造した手段が、決定的意義をもつ。農業では働きかける対象としての自然そのものが、決定的意義をもつ。ところが、工業社会になると、農業においても工業のように、機械とコンクリートの大量投下によって人間が創造した手段が重視されてしまう。そのため農業でも工業のように、機械とコンクリートを投下すれば、生産が拡大すると観念され、自然そのものの肥沃度をかえって劣化させてしまう場合すらある。

ところが、知識社会になると、知識産業の論理が農業にも適用される。知識産業では対象とする人間への理解を深めて知識を生産するように、農業でも対象とする自然への理解を深めて、自然に知識を投入して自然の肥沃度を高めようとする。つまり、知識集約農業が展開することになる。

知識社会のエネルギー

「存在欲求」を犠牲にして「所有欲求」を充足した工業社会では、この地球上に生じている変化の推進力であるエネルギーの流れを考慮することはない。つまり、工業社会は地球上に貯蔵されているエネルギーが無限であるという間違った仮定にもとづいて築かれている。

しかし、エネルギーは人工的に生産することも消費することもできない。エネルギーの量は一定であるという熱力学の第一法則に支配され、エネルギーは生産も消費もできないからである。ところが、エネルギーには第二法則で仕事の能力と質に差異があり、その差異は絶えざる均衡化運動で解消されることになる。

工業社会では、石炭にしろ、石油にしろ、古代生物の屍《しかばね》を、祈り捧げることもなく暴き出してきた。しかし、石炭や石油などの再生不能エネルギーは、いずれ貯蔵の限界に逢着する。しかも、再生不能エネルギーが深刻な環境破壊を招くことを、人間は充分に学習したはずである。

知識社会の推進力であるエネルギーは、工業社会で無視されてきた再生可能エネルギーとなる。したがって、工業社会の限界を知識によって克服する知識社会のエネルギーは、原子力とはならないであろう。現在の日本やアメリカでは、原子力発電をさらに推し進めようとする動きがある。しかし、原子力も再生不能エネルギーである以上、いずれ石炭や石油と同様の貯蔵の限界と環境破壊という問題に行き当たる。

「プルート(Pluto)」は冥界の神、つまり死の世界の神である。「プルトニウム(plutonium)」は人間にとって最も危険な毒の一つである。この毒に人間は賢明にも、死の世界の神であるプルートに因《ちな》んでプルトニウムと名付けた。こうした人間の知恵を愚弄するように、知識社会で死の世界の神を弄《もてあそ》ぶはずなどないのである。

知識社会のエネルギーは、太陽エネルギーを起動力とした再生可能なエネルギーとなる。つまり、太陽エネルギーが創り出す風の流れ、海流、太陽エネルギーを葉緑素で捉える緑色植物、さらには再生可能エネルギーの源泉である太陽エネルギーなど再生可能エネルギーが知識社会のエネルギーとなる。知識社会とは、人間の知識によって自然と人間との最適な質量変換を追求する社会だからである。

人間的能力向上戦略

「危機の時代」という歴史の曲がり角で、こうした知識社会へとハンドルを切っていく政策的戦略は次の三つの戦略が基本となる。

第一の基本戦略は、人間の人間的能力を高めることである。つまり、社会の構成員の人間的能力を高める教育投資が重要となる。

もっとも、知識社会で求められる教育とは「盆栽型教育」ではない。「盆栽型教育」とは、外側から圧力を加えて、その時々の国や社会が要求する「型」に無理やりはめこむような教育である。つまり、自然の成長に反して、針金で外から圧力を加えて枝を曲げて、「盆栽」を作成するような教育である。

知識社会で求められるのは、人間のもっている能力を自由に伸ばす教育である。すなわち

「盆栽型教育」ではなく、伸びたいように枝葉を伸ばして育てていく「栽培型教育」が必要なのである。「栽培型教育」における教育の役割は、伸びたいように育つことができるために、肥料を施したり、害虫を駆除したりすることにある。

知識社会では工業社会のように、標準化された反復訓練によって身につける能力や、標準化された知識を強制的に詰め込まれて獲得できる能力は必要とされなくなる。問題の所在を認知するとともに、認知した問題を創造的に解決していく能力が求められる。したがって、「型」にはめるような「盆栽型教育」では身につけることのできない能力であり、「栽培型教育」でしか身につけられない能力である。

しかも、知識社会になると、変化の時間圧縮(time compression)が生じる。例えば、従来であれば、一〇年かかった変化が一年で起きる。こうした状況のもとでは、「型」にはめて人材を育成しても意味がない。

それよりも状況の変化に応じて要求される様々な「型」にはまることのできる、いわば「潰しの効く」能力が必要となる。そうした能力を支えるものが、幅と深さのある「教養」である。

こうした能力を身に付けるためには、「学び続ける」ことのできる教育体系を整えなければならない。この考え方を象徴的に示すのが、先述した「リカレント教育」の発想である。二〇〇一年に開催されたOECDの「国際レベル教育委員会会合」でも、「生涯学習戦略は、知識社会を推進する必要な手段として役立ちうる」と提唱されている。

知識社会とは人間が人間的能力を自己成長させる「学びの社会」である。したがって、知識社会では、「誰でも、いつでも、どこでも、ただで」の原則のもとに、学校教育とともに成人教育が有機的に関連づけられた教育体系が準備されていなければならない。すべての社会の構成員の「誰でも、いつでも、どこでも、ただで」提供される教育サービスこそ、知識社会の存立条件なのである。

「リカレント教育」を推進しているスウェーデン政府は、経済成長と雇用の確保と社会的正義を、同時に達成しようとすれば教育しかないと明言している。すべての社会の構成員の人間的能力が高まれば、生産性が向上し、経済成長が実現する。

すべての社会の構成員の人間的能力が高まれば、雇用されないはずはない。しかも、すべての社会の構成員の人間的能力が高まると、所得分配が平等となり、社会的正義が実現できるとスウェーデン政府は断言している。

経済成長と雇用と社会的正義を同時に実現する戦略は、新しい時代を形成する戦略である。そうした戦略の基本は、人間的能力を向上させる教育投資にある。

生命活動の保障戦略

第二の基本戦略は、人間の健全な生命活動を保障することである。人間の人間的能力が高まったとしても、それは人間の生命活動が健全に機能して初めて意味がある。つまり、人間的能力を高めてみても、健康でなければ、砂上の楼閣となってしまう。

人間の健全な生命活動のためには、生命活動に障害が生じた時に、それを治療する医療が重要となる。つまり、人間が人間的能力を高めるためにも、健全な生命活動を存続させる医療が基本となる。

人間の健全な生命活動には、医療とともに人間の生命活動を可能にする自然環境が必要不可欠である。自然環境には環境容量がある。環境容量とはそれぞれの生物の種が、一定の個体数を維持するための生態系の可能性である。

生物である限り、生態系の許容の範囲を超えて、生命活動を維持することはできない。もちろん、人間も例外たりえない。人間が傲慢にも、自然の支配者がごとく錯覚して振る舞い、環境破壊を継続すれば、人間の生命活動それ自体の犠牲を強いられる。

知識社会では人間の人間的能力を高めなければならないが、その前提として人間の健康のために医療と環境を重視しなければならない。しかも、医療と環境は知識社会において、「技術革新と市場の宝庫」であることを忘れてはならない。つまり、知識産業が医療と環境という生命活動の分野を基軸として展開してくることになる。

社会資本培養戦略

第三の基本戦略は、社会資本の培養である。社会資本とは人間と人間との信頼の絆である。すなわち、社会の構成員同士が信頼し合える絆を育てることが必要である。

既に第4章で指摘したが、知識社会においては、知識を個人が蓄えていても意味がない。自らの知識や能力を、他者に惜しみなく与えなければ知識社会は発展しないのである。すなわち、知識の「分かち合い」である。工業社会においては単に蓄積することが美徳であったとすれば、知識社会では与え合うことが美徳となる。

つまり、知識社会では、個人個人が自らの能力を高めるだけでは不充分である。同時に、社会の構成員同士が信頼し合い、個人が高めた能力を惜しみなく与え合うことが必要である。信頼し合う人間の絆、すなわち社会資本が求められるのだ。この個人の能力と社会資本という二つの要素をあわせて「知識資本」と呼んでおくと、知識社会においては、この知識資本の蓄積こそが重要な鍵を握ることになる。

ネットの張替え

以上のように、産業構造の転換を推進するには、三つの基本戦略が必要である。しかし、この基本戦略を実現するための前提としては、強い社会的セーフティネットが張られる必要がある。知識産業への転換を目指したために失敗しても、救済してくれる社会的セーフティネットが張ってなければ、新しい産業を創り出す冒険的行動が生じないからである。この社会的セーフティネットもサービス給付にシフトして張替える必要があることは、既に指摘したとおりである。

しかも、必要なのは、社会的セーフティネットの張替えだけではない。社会的インフラストラクチュアに対するネットの張替えも必要である。すなわち、工業社会と知識社会では、重視されるインフラストラクチュアの質が異なってくる。工業社会においては、機械などの物的インフラストラクチュアが重視された。しかし、知識社会においては、人間の能力、すなわち人的インフラストラクチュアが重視されなければならない。したがって、社会的インフラストラクチュアのネットも、この人的インフラストラクチュアを対象としたものに張替えなければならない。

知識社会では社会的セーフティネットと社会的インフラストラクチュアのネットは、分かちがたく融合する。つまり、市場経済の競争に敗れても安心して生活が保障されると同時に、失敗から立ち直るための新たな教育や訓練の機会が与えられなければならない。これは、先述した社会的セーフティネットの社会的トランポリンへの張替えを意味している。こうしたセーフティネットの張替えがなされ、そのうえで、三つの基本戦略が進められることが、知識社会の転換のための必要な条件である。

予言の自己成就

敢えて繰り返すが、新しい時代を形成しなければならない歴史の曲がり角で必要なのはスピードではない。歴史の曲がり角では、進むべき目的を間違えないように、車を止めてでも地図で目的地と現在地を確認する必要がある。

改革にはスピードが求められるというヒステリックな主張は、邪《よこしま》な利益のために誤った方向に進むことを促迫しているにすぎない。歴史の曲がり角での改革の合言葉は「冷静に落ち着いて」である。必要なスピードはたかだか、舵を切るために必要な最低速度である舵効速度にすぎない。

歴史の曲がり角では、ローマ法王が「レールム・ノヴァルム(Rerum Novarum)」を教示する。「レールム・ノヴァルム」は「新しきこと」あるいは「革新」を意味し、法王が全教会の司教または信徒に宛てる回勅《かいちょく》である。

一九九一年にローマ法王ヨハネ・パウロ二世が「レールム・ノヴァルム」を出している。ヨハネ・パウロ二世は「レールム・ノヴァルム」を作成するに際し、宇沢教授に相談している。宇沢教授の助言で、この「レールム・ノヴァルム」には「社会主義の弊害と資本主義の幻想(Abuses of Socialism and Illusions of Capitalism)」という副題がつけられている。

ヨハネ・パウロ二世の祖国はポーランドである。そのポーランドが社会主義の非人間的抑圧から解放されるや、何でも市場と信仰することによって悲惨な状況に陥っていくことを、この「レールム・ノヴァルム」は憂えている。奇しくも一〇〇年前の大不況のもと、レオ一三世の示した前回の「レールム・ノヴァルム」の副題「資本主義の弊害と社会主義の幻想(Abuses of Capitalism and Illusions of Socialism)」が念頭に置かれている。

ヨハネ・パウロ二世は「レールム・ノヴァルム」で、二つの環境破壊を警告していることについては、第1章で既に紹介した。一つは自然環境の破壊である。自然環境の破壊については、まだまだ不充分だけれども、その現実に人々がようやく気づきはじめている。

もう一つは人的環境の破壊である。人間と人間との「仲間」としての結びつきともいうべき人的環境の破壊について、人々はそれほど認識していない。

いうまでもなく「分かち合い」とは人的環境を克服することにほかならない。つまり、人的環境とは人間と人間との「分かち合い」のことでもある。

もっとも、自然環境を取り戻すことも、人間と自然との「分かち合い」だといってよい。「分かち合い」とは二つの環境破壊を克服することを意味している。

スウェーデンの環境の教科書では、あらゆるものを欲求のおもむくままに、自己の所有にしてしまう傾向が支配的である文化を、「強盗文化」と名付けている。工業社会は「強盗文化」の時代であった。つまり、「いま私たちは、人間と自然をむさぼり食う「強盗文化」の時代に生きている」と教えている。

二つの環境破壊とは「強盗文化」の悲惨な結果である。この歴史の大転換期に生を受けた私たちに、ヨハネ・パウロ二世が残したメッセージは、資本主義と社会主義を超えて、人間の尊厳と魂の自立を可能にする新しき時代を築くことにある。それは「強盗文化」を払拭した「分かち合い」の時代を創造することだといってよい。

人間は「ホモ・サピエンス」、つまり「知恵のある人」という素晴らしい生命として創造されている。知恵は惜しみなく与え合い、分かち合うものである。

歴史の「峠」ともいうべき「危機の時代」は、希望と楽観主義を携えて踏み越えなければならない。悲しみと優しさを分かち合えば、危機を踏み越え、新しい人間的な時代を築くことができる。そうした肯定的なヴィジョンを描いて、破局を恐れずに逆風に立ち向かえば、必ず人間はより人間的な未来を手にすることができる。

人間の可能性を信じ、人間がより人間的な未来を築くことができることを確信することには充分な理由がある。未来がそうなると信じれば信じるほど、そうなる確率は高まる。それが「予言の自己成就」の教えだからである。

あとがき

若き頃、私の勤務していた自動車会社の教育施設が、鎌倉の由比ヶ浜にあった。私は人事の担当者として管理者教育のために、よくそこを訪れた。昼休みに海岸まで散歩に出かけると、ステッキを持ちながら優雅な和服を身にまとい、軽やかに散策する高齢の男性と出会ったものである。

その高齢の男性の凛とした散歩姿に淡い憧憬を覚え、由比ヶ浜に打ち寄せる波音に耳を傾けながら、自分もあの男性のように年老いたいと夢見ていた。しかし、薄闇が海面を這うように、若き私に衝撃的事件が押し寄せる。まるで岸辺から夢が堕ちるように、その男性が自ら命を閉じたのである。

遠い彼方に薄れ行く記憶を呼び覚ますと、遺書には「老醜をさらしたくない」という趣旨がしたためられていたと聞いている。その高齢の男性とは、ノーベル文学賞に輝いた作家の川端康成である。

私も年老い、「老醜をさらしたくない」という言葉の重さが、分かるようになってきた。昨年三月に東京大学を定年退職するとともに、宇沢弘文東京大学名誉教授との共同著作を最後の仕事として、隠居生活を決め込んでいた。しかし、私の怠惰から宇沢教授との仕事を進めることができないまま、「これが最後」と絆《ほだ》されて、ついつい仕事を引き受け、老醜をさらす羽目となっている。

私の思想は、異端である。世には受け入れられることのない異端者であるが故に、私の思想を受け入れてくれる人との出会いは、至極の幸福の時となる。

数こそ少ないけれども、私の思想の理解者との触れ合いが、老醜をさらしてもなお、心許無《こころもとな》いとはいえ、活動への意欲を支えてくれている。

しかも、不思議なことには多くの政治に携わる方々が、私のような者の良き理解者として、私の健康を気遣いながらも励まして下さっている。それは与党、野党を問わない。ただただ有り難く思うばかりである。こうした政治に携わる方々が、人間を愛する心優しき方々であることが、私の幸せとなっている。

東京大学を去る日に、宇沢教授から「ベバリッジとケインズの良いところを合わせ持った経済学者」とのお褒めにあずかった。それは自己の生涯を閉じてもよいとの感激にひたった瞬間だった。

想い起こせば、私の生涯は心優しき人の暖かさに抱かれていた。加藤三郎東京大学名誉教授に財政学の手解《てほど》きを受けて以来、学問を導いてくれる恩師や同僚、さらには教え子たちに恵まれた。有り難く手を合わせて、謝意を表するばかりである。

昨年の紅葉の季節に、私は紫綬褒章を授与された。異端の思想を抱く者にとっては、有り得ない出来事だった。私は戸惑いながら、ただただ身を窄《すぼ》めるばかりだった。

私は現在、関西学院大学を経て地方財政審議会に会長職として勤務している。本書を世に出すことが出来たのも、関西学院大学で生を共にした方々や地方財政審議会委員の方々、それに献身的に国民のために人生を捧げている総務省の方々の加護によっている。私の身を案じながら、教え励ましていただいている原口一博総務大臣には、心よりの感謝を申し上げたい。

本書は岩波書店の若き編集者、田中宏幸氏の熱情によって日の目を見ている。我儘《わがまま》な私と忍耐強く付き合い、出版に漕ぎ着けていただいた田中氏に、深甚なる謝意を表したい。

畏敬する実存主義者サルトル(Jean-Paul Sartre)は、私と同じ眼の病に苦しみ、行間すら識別困難に陥った時に、哲学者としての隠退を宣言している。私の眼も、そうした状態に近づきつつある。それにもかかわらず、本書をしたためることができたのは、ひとえに乾桃子さんの惜しみない助力の御陰である。心より謝辞を著したい。

眼の不自由な私に情報を教えてくれたのは、教え子との対話である。図版などの作成では、特に東京大学大学院の水上啓吾君の協力を得た。文字どおり老いては子に従いである。

私に生命を与えてくれた父や母にも深い感謝を捧げたい。私が真理にのみ忠実に生きることができる環境を与えてくれたのは、老いたる父と母である。しかも、私が老いてもなお活動できるのは、父や母が生きていてくれるからにほかならない。

妻和子には言葉がない。仕事に出かける私の重い鞄をいつも持ってくれて、雨降り風吹こうとも駅まで見送ってくれる。年老いたので、今度は私が鞄を持って二人だけで長い旅行に出ようう。もう仕事も辞めるから、永久《とわ》の旅路まで魂が永遠に宿るような緑の風に抱かれて過ごそう。その約束を果すまで、もう少し待って欲しい。そう詫びながら本書を妻和子に捧げたい。

二〇一〇年
暗き冬から解放され、待ち侘びた春の日に

神野直彦

参考文献

大内秀明『知識社会の経済学――ポスト資本主義社会の構造改革』日本評論社、一九九九年
大沢真理『現代日本の生活保障システム――座標とゆくえ』岩波書店、二〇〇七年
加藤榮一『福祉国家システム』ミネルヴァ書房、二〇〇七年
加藤榮一『現代資本主義と福祉国家』ミネルヴァ書房、二〇〇六年
加藤榮一・馬場宏二・三和良一編『資本主義はどこに行くのか――二十世紀資本主義の終焉』東京大学出版会、二〇〇四年
金子勝『市場と制度の政治経済学』東京大学出版会、一九九七年
金子勝『戦後の終わり』筑摩書房、二〇〇六年
訓覇法子『スウェーデン人はいま幸せか』日本放送出版協会、一九九一年
訓覇法子『アプローチとしての福祉社会システム論』法律文化社、二〇〇二年
神野直彦『システム改革の政治経済学』岩波書店、一九九八年
神野直彦『二兎を得る経済学――景気回復と財政再建』講談社＋α新書、二〇〇一年
神野直彦『「希望の島」への改革――分権型社会をつくる』日本放送出版協会、二〇〇一年
神野直彦『人間回復の経済学』岩波新書、二〇〇二年

神野直彦・井手英策編『希望の構想――分権・社会保障・財政改革のトータルプラン』岩波書店、二〇〇六年
神野直彦・金子勝編『「福祉政府」への提言――社会保障の新体系を構想する』岩波書店、一九九九年
神野直彦・金子勝『財政崩壊を食い止める――債務管理型国家の構想』岩波書店、二〇〇〇年
神野直彦・宮本太郎編『脱「格差社会」への戦略』岩波書店、二〇〇六年
神野直彦・宮本太郎・井手英策『地方分権型の「ほどよい政府」を――二一世紀日本の福祉国家と地方政府』平成二〇年度全国知事会自主調査研究委託事業・調査研究報告書、二〇〇九年
武田晴人『日本経済の事件簿――開国からバブル崩壊まで』日本経済評論社、二〇〇九年
藤井威『スウェーデン・スペシャル[I]――高福祉高負担政策の背景と現状』新評論、二〇〇二年
Crouch, Colin and Streeck, Wolfgang ed., *Political Economy of Modern Capitalism: Mapping Convergence and Diversity*, SAGE Publications, 1997(コーリン・クラウチ、ウォルフガング・ストリーク編、山田鋭夫訳『現代の資本主義制度――グローバリズムと多様性』NTT出版、二〇〇一年)
Fourastié, Jean, *Les 40000 heures*, Robert Laffont, 1965(ジャン・フーラスティエ、長塚隆二訳『四万時間――未来の労働を予測する』朝日新聞社、一九六五年)
Hesselbein, Frances, et al. ed., *The Community of the Future*, Jossey-Bass, 1998(フランシス・ヘッセルバイン他編、加納明弘訳『未来社会への変革――未来の共同体がもつ可能性』フォレスト出版、一九九九

九年)

Kohn, Alfie, *No Contest: The Case Against Competition*, Houghton Mifflin Company, 1992(アルフィ・コーン、山本啓・真水康樹訳『競争社会をこえて――ノー・コンテストの時代』法政大学出版局、一九九四年)

Korten, David C.: *When Corporations Rule the World*, Kumarian Press, 1995(デビッド・コーテン、西川潤監訳・桜井文翻訳『グローバル経済という怪物――人間不在の世界から市民社会の復権へ』シュプリンガー・フェアラーク東京、一九九七年)

Lipietz, Alain, *Choisir L'Audance: une alternative pour le vingt et unième siècle*, Èditions La Découverte, 1986(アラン・リピエッツ、若森章孝訳『勇気ある選択――ポストフォーディズム・民主主義・エコロジー』藤原書店、一九九〇年)

Lundberg, Bo och Abram-Nilsson, Kerstin, *Synvändor: om naturen, människan och helheten*, Lts Förlag, 1988(ブー・ルンドベリィ著、シェシュティン・アブラム＝ニルソン画、川上邦夫訳『視点をかえて――自然・人間・全体』新評論、一九九八年)

Pestoff, Victor A., *Beyond the Market and State: Social Enterprises and civil democracy in a welfare society*, Ashgate Publishing, 1998(ビクター・A・ペストフ、藤田暁男・川口清史・石塚秀雄・北島健一・的場信樹訳『福祉社会と市民民主主義――協同組合と社会的企業の役割』日本経済評論社、二〇〇〇年)

Putnam, Robert D. et al., *Making Democracy Work: Civic Traditions in Modern Italy*, Princeton University Press, 1993（ロバート・D・パットナム、河田潤一訳『哲学する民主主義――伝統と改革の市民的構造』NTT出版、二〇〇一年）

Schumpeter, Joseph A., *Die Krise des Steuerstaats*, Graz und Leipzig, 1918（シュムペーター、木村元一・小谷義次訳『租税国家の危機』岩波文庫、一九八三年）

Smith, Adam, *An Inquiry into the Nature and Causes of the Wealth of Nations*, Clarendon Press, 1776（アダム・スミス、水田洋監訳、杉山忠平訳『国富論』一―四、岩波文庫、二〇〇〇―〇一年）

Steinmo, Sven, *Taxation and Democracy: Swedish, British and American Approaches to Financing the Modern State*, Yale University Press, 1993（スヴェン・スティンモ、塩崎潤・塩崎恭久訳『税制と民主主義』今日社、一九九六年）

神野直彦

1946年埼玉県生まれ
東京大学経済学部卒業．東京大学大学院経済学研究科博士課程単位取得退学．
東京大学名誉教授．財政学．
著書に『システム改革の政治経済学』『経済学は悲しみを分かち合うために――私の原点』(以上，岩波書店)，『財政と民主主義――人間が信頼し合える社会へ』(岩波新書)，『財政のしくみがわかる本』(岩波ジュニア新書)，『財政学』(有斐閣)，『地域再生の経済学――豊かさを問い直す』(中公新書)など．

「分かち合い」の経済学　　岩波新書(新赤版)1239

2010年4月20日　第1刷発行
2024年4月15日　第14刷発行

著　者　神野直彦《じんのなおひこ》

発行者　坂本政謙

発行所　株式会社 岩波書店
〒101-8002 東京都千代田区一ツ橋 2-5-5
案内 03-5210-4000　営業部 03-5210-4111
https://www.iwanami.co.jp/

新書編集部 03-5210-4054
https://www.iwanami.co.jp/sin/

印刷・三陽社　カバー・半七印刷　製本・中永製本

ISBN 978-4-00-431239-0　　Printed in Japan

岩波新書新赤版一〇〇〇点に際して

ひとつの時代が終わったと言われて久しい。だが、その先にいかなる時代を展望するのか、私たちはその輪郭すら描きえていない。二〇世紀から持ち越した課題の多くは、未だ解決の緒を見つけることのできないままであり、二一世紀が新たに招きよせた問題も少なくない。グローバル資本主義の浸透、憎悪の連鎖、暴力の応酬——世界は混沌として深い不安の只中にある。

現代社会においては変化が常態となり、速さと新しさに絶対的な価値が与えられた。消費社会の深化と情報技術の革命は、種々の境界を無くし、人々の生活やコミュニケーションの様式を根底から変容させてきた。ライフスタイルは多様化し、一面では個人の生き方をそれぞれが選びとる時代が始まっている。同時に、新たな格差が生まれ、様々な次元での亀裂や分断が深まっている。社会や歴史に対する意識が揺らぎ、普遍的な理念に対する根本的な懐疑や、現実を変えることへの無力感がひそかに根を張りつつある。そして生きることに誰もが困難を覚える時代が到来している。

しかし、日常生活のそれぞれの場で、自由と民主主義を獲得し実践することを通じて、私たち自身がそうした閉塞を乗り超え、希望の時代の幕開けを告げてゆくことは不可能ではあるまい。そのために、いま求められていること——それは、個と個の間で開かれた対話を積み重ねながら、人間らしく生きることの条件について一人ひとりが粘り強く思考することではないか。その営みの糧となるものが、教養に外ならないと私たちは考える。歴史とは何か、よく生きるとはいかなることか、世界そして人間はどこへ向かうべきなのか——こうした根源的な問いとの格闘が、文化と知の厚みを作り出し、個人と社会を支える基盤としての教養となった。まさにそのような教養への道案内こそ、岩波新書が創刊以来、追求してきたことである。

岩波新書は、日中戦争下の一九三八年一一月に赤版として創刊された。創刊の辞は、道義の精神に則らない日本の行動を憂慮し、批判的精神と良心的行動の欠如を戒めつつ、現代人の現代的教養を刊行の目的とする、と謳っている。以後、青版、黄版、新赤版と装いを改めながら、合計二五〇〇点余りを世に問うてきた。そして、いままた新赤版が一〇〇〇点を迎えたのを機に、人間の理性と良心への信頼を再確認し、それに裏打ちされた文化を培っていく決意を込めて、新しい装丁のもとに再出発したいと思う。一冊一冊から吹き出す新風が一人でも多くの読者の許に届くこと、そして希望ある時代への想像力を豊かにかき立てることを切に願う。

（二〇〇六年四月）

社会

岩波新書より

岩波新書より

岩波新書より

働きすぎの時代◆　森岡孝二
桜が創った「日本」　佐藤俊樹
生きる意味　上田紀行
社会起業家◆　斎藤槙
逆システム学◆　金子勝・児玉龍彦
男女共同参画の時代　鹿嶋敬
当事者主権　中西正司・上野千鶴子
豊かさの条件　暉峻淑子
クジラと日本人　大隅清治
人生案内　落合恵子
若者の法則　香山リカ
自白の心理学　浜田寿美男
原発事故はなぜくりかえすのか　高木仁三郎
日本の近代化遺産　伊東孝
証言 水俣病　栗原彬編
日の丸・君が代の戦後史◆　田中伸尚
コンクリートが危ない　小林一輔
東京国税局査察部　立石勝規

バリアフリーをつくる　光野有次
ドキュメント 屠場　鎌田慧
能力主義と企業社会　熊沢誠
現代社会の理論　見田宗介
原発事故を問う◆　七沢潔
災害救援　野田正彰
スパイの世界　中薗英助
都市開発を考える　大野輝之・レイコ・ハベ・エバンス
ディズニーランドという聖地　能登路雅子
原発はなぜ危険か◆　田中三彦
豊かさとは何か　暉峻淑子
農の情景　杉浦明平
異邦人は君ヶ代丸に乗って　金賛汀
読書と社会科学　内田義彦
文化人類学への招待◆　山口昌男
ビルマ敗戦行記　荒木進
プルトニウムの恐怖　高木仁三郎
日本の私鉄　和久田康雄
社会科学における人間　大塚久雄

女性解放思想の歩み　水田珠枝
沖縄ノート　大江健三郎
沖縄　比嘉春潮
民話　関敬吾
唯物史観と現代〔第二版〕　梅本克己
民話を生む人々　山代巴
米軍と農民　阿波根昌鴻
沖縄からの報告　瀬長亀次郎
結婚退職後の私たち　塩沢美代子
ユダヤ人◆　J-P・サルトル　安堂信也訳
社会認識の歩み◆　内田義彦
社会科学の方法　大塚久雄
自動車の社会的費用　宇沢弘文
上海　殿木圭一
現代支那論　尾崎秀実

岩波新書より

現代世界

サピエンス減少　原　俊彦
ウクライナ戦争をどう終わらせるか　東　大作
ルポ アメリカの核戦力　渡辺　丘
ミャンマー現代史　中西嘉宏
アメリカとは何か 自画像と世界観をめぐる相剋　渡辺　靖
タリバン台頭　青木健太
ネルソン・マンデラ　堀内隆行
日韓関係史　木宮正史
文在寅時代の韓国　文　京洙
アメリカ大統領選　久保文明・金成隆一
イスラームからヨーロッパをみる　内藤正典
アメリカの制裁外交　杉田弘毅
ルポ トランプ王国2　金成隆一
2100年の世界地図 アフラシアの時代　峯　陽一
フォト・ドキュメンタリー 朝鮮に渡った「日本人妻」　林　典子

サイバーセキュリティ　谷脇康彦
トランプのアメリカに住む　吉見俊哉
ライシテから読む現代フランス　伊達聖伸
ベルルスコーニの時代　村上信一郎
イスラーム主義　末近浩太
ルポ 不法移民 アメリカ国境を越えた男たち　田中研之輔
習近平の中国 百年の夢と現実　林　望
日中漂流　毛里和子
中国のフロンティア　川島　真
シリア情勢　青山弘之
ルポ トランプ王国　金成隆一
ルポ 難民追跡 バルカンルートを行く　坂口裕彦
アメリカ政治の壁　渡辺将人
プーチンとG8の終焉◆　佐藤親賢
香港 中国と向き合う自由都市　倉田　徹・張　彧暋
〈文化〉を捉え直す　渡辺　靖
イスラーム圏で働く　桜井啓子編

中南海 知られざる中国の中枢◆　稲垣　清
フォト・ドキュメンタリー 人間の尊厳　林　典子
㈱貧困大国アメリカ　堤　未果
女たちの韓流　山下英愛
新・現代アフリカ入門　勝俣　誠
中国の市民社会　李　妍焱
勝てないアメリカ◆　大治朋子
ブラジル 跳躍の軌跡　堀坂浩太郎
非アメリカを生きる◆　室　謙二
ネット大国中国　遠藤　誉
ジプシーを訪ねて　関口義人
中国エネルギー事情　郭　四志
アメリカン・デモクラシーの逆説　渡辺　靖
ユーラシア胎動　堀江則雄
オバマ演説集　三浦俊章編訳
ルポ 貧困大国アメリカII　堤　未果
オバマは何を変えるか　砂田一郎
平和構築　東　大作